I0566776

DISCLAIMER

The author and publisher are providing this book and its contents on an "as is" basis and make no representations or warranties of any kind with respect to this book or its contents. The author and publisher disclaim all such representations and warranties, including but not limited to warranties of merchantability. In addition, the author and publisher do not represent or warrant that the information accessible via this book is accurate, complete, or current.

Except as specifically stated in this book, neither the author nor publisher, nor any authors, contributors, or other representatives will be liable for damages arising out of or in connection with the use of this book. This is a comprehensive limitation of liability that applies to all damages of any kind, including (without limitation) compensatory; direct, indirect, or consequential damages; loss of data, income, or profit; loss of or damage to property; and claims of third parties.

FIRST EDITION - Published 2022

Extra Graphic Material From: www.freepik.com
Thanks to: Alekksall, Starline, Pch.vector, Rawpixel.com, Vectorpocket, Dgim-studio, Upklyak, Macrovector, Stockgiu, Pikisuperstar & Freepik.com Designers

This Book Comes With Free Bonus Puzzles
Available Here:

BestActivityBooks.com/WSBONUS20

5 TIPS TO START!

1) HOW TO SOLVE

The Puzzles are in a Classic Format:

- Words are hidden without breaks (no spaces, dashes, ...)
- Orientation: Forward & Backward, Up & Down or
  in Diagonal (can be in both directions)
- Words can overlap or cross each other

2) ACTIVE LEARNING

To encourage learning actively, a space is provided next to each word to write down the translation. The **DICTIONARY** allows you to verify and expand your knowledge. You can look up and write down each translation, find the words in the Puzzle then add them to your vocabulary!

3) TAG YOUR WORDS

Have you tried using a tag system? For example, you could mark the words which have been difficult to find with a cross, the ones you loved with a star, new words with a triangle, rare words with a diamond and so on...

4) ORGANIZE YOUR LEARNING

We also offer a convenient **NOTEBOOK** at the end of this edition. Whether on vacation, travelling or at home, you can easily organize your new knowledge without needing a second notebook!

5) FINISHED?

Go to the bonus section: **MONSTER CHALLENGE** to find a free game offered at the end of this edition!

Want more fun and learning activities? It's **Fast and Simple!**
An entire Game Book Collection just **one click away!**

Find your next challenge at:

BestActivityBooks.com/MyNextWordSearch

Ready, Set... Go!

Did you know there are around 7,000 different languages in the world? Words are precious.

We love languages and have been working hard to make the highest quality books for you. Our ingredients?

A selection of indispensable learning themes, three big slices of fun, then we add a spoonful of difficult words and a pinch of rare ones. We serve them up with care and a maximum of delight so you can solve the best word games and have fun learning!

Your feedback is essential. You can be an active participant in the success of this book by leaving us a review. Tell us what you liked most in this edition!

Here is a short link which will take you to your order page.

BestBooksActivity.com/Review50

Thanks for your help and enjoy the Game!

Linguas Classics Team

1 - Antiques

ე	ო	ა	ბ	ე	კ	ა	დ	ნ	ა	ქ	ს	ჭ	ს
ლ	ტ	ზ	ვ	თ	ა	უ	ქ	ც	ი	ო	ნ	ი	ა
ე	ვ	თ	რ	თ	ტ	ზ	ზ	ი	ლ	ე	ვ	ძ	უ
გ	ძ	გ	ვ	ვ	ე	პ	თ	ბ	ი	ხ	ი	ო	კ
ა	უ	ფ	ო	მ	ა	ნ	ხ	ე	ხ	გ	ი	ვ	უ
ნ	ა	ჩ	ფ	ა	ს	ი	ტ	ლ	ს	ა	ბ	მ	ნ
ტ	ი	ყ	ვ	წ	ჟ	შ	ი	უ	ი	გ	ე	ძ	ე
უ	მ	გ	ჟ	ე	ს	მ	ა	ე	რ	ე	ლ	ა	გ
რ	რ	უ	ჰ	ჰ	უ	ო	ი	ლ	ა	ი	უ	რ	რ
ი	ჯ	ე	ვ	ა	ჯ	ლ	ბ	წ	ხ	ლ	ა	რ	თ
თ	ჯ	ს	ვ	ხ	ა	ყ	ო	თ	რ	ი	კ	ს	ლ
ხ	ე	ლ	ო	ვ	ნ	ე	ბ	ა	ჰ	ტ	მ	ფ	წ
მ	ო	ნ	ე	ტ	ე	ბ	ი	ჭ	თ	ს	ა	ძ	ზ
დ	ე	კ	ო	რ	ა	ტ	ი	უ	ლ	ი	ს	ო	რ

ხელოვნება
აუქციონი
ავთენტური
საუკუნე
მონეტები
ათწლეულები
დეკორატიული
ელეგანტური
ავეჯი
გალერეა
სამკაულები
ძველი
ფასი
ხარისხი
ქანდაკება
სტილი
უჩვეულო

2 - Food #1

Ო	ლ	ყ	მ	ჰ	გ	ა	ხ	Უ	შ	რ	ფ	Ლ	ბ
წ	ვ	ნ	ი	ა	ნ	ი	რ	მ	პ	ძ	Ი	ვ	ს
ს	Ა	უ	ნ	მ	ი	ლ	Თ	ა	ა	ე	გ	ჰ	ხ
ტ	ლ	ზ	ო	ქ	ს	ა	შ	ფ	ქ	რ	რ	ზ	რ
ა	ფ	ო	მ	რ	პ	ხ	ო	პ	ძ	ი	ი	ჭ	ძ
ფ	ტ	ო	ი	ს	ა	ს	ე	ნ	რ	ქ	ს	ლ	ყ
ი	ძ	ხ	ლ	ჟ	ნ	მ	წ	ვ	ე	ნ	ი	ი	ი
ლ	ო	ბ	ნ	ს	ა	ფ	რ	უ	ტ	შ	ვ	თ	ბ
ო	ც	კ	ქ	თ	ხ	ქ	Ო	Ა	უ	ა	ყ	ა	ა
ხ	ა	ხ	ვ	ი	ი	ხ	ე	ბ	ნ	ქ	წ	ლ	ს
დ	ა	რ	ი	ჩ	ი	ნ	ი	რ	ა	ა	რ	ა	ი
ი	ქ	ჭ	ს	ძ	ყ	დ	Ვ	Ლ	ი	რ	ა	ს	ლ
მ	ჩ	ბ	ს	შ	ფ	ტ	Ა	თ	ტ	ი	მ	ნ	ი
მ	ა	ნ	ი	ო	რ	ი	რ	ა	გ	რ	ა	გ	გ

გარგარი
ქერი
ბასილი
სტაფილო
დარიჩინი
ნიორი
წვენი
ლიმონი
რძე
ხახვი
არაქისი
მსხალი
სალათი
მარილი
წვნიანი
ისპანახი
მარწყვის
შაქარი
ტუნა
ტურფა

3 - Measurements

ტ	ი	კ	ბ	თ	ი	უ	კ	თ	ტ	ა	კ	უ	ს
გ	ო	შ	ი	ხ	ს	ი	რ	ა	ხ	თ	ი	ნ	ი
ხ	ჩ	ნ	ე	ლ	ღ	ა	მ	ი	ს	ო	ლ	ც	გ
ს	ს	ჰ	ა	წ	ო	კ	ე	კ	უ	ბ	ო	ი	ა
ჩ	ა	ჩ	თ	უ	ძ	გ	ძ	ღ	თ	ი	მ	ა	ნ
ა	ვ	ნ	წ	თ	ხ	თ	რ	კ	მ	თ	ე	ძ	ე
ბ	ო	ვ	ტ	ი	ჭ	რ	გ	ა	თ	ი	ტ	წ	მ
ო	ე	რ	ე	ი	ყ	ლ	ი	შ	მ	თ	რ	ო	ე
ლ	ი	ტ	რ	ი	მ	ჯ	ს	ჟ	ლ	ი	ი	ნ	ტ
უ	ნ	ღ	ხ	ე	ი	ე	ბ	ა	ი	ტ	ი	ა	რ
ც	ო	ბ	ა	ჩ	ნ	ი	ტ	ზ	ჩ	ო	ფ	ხ	ი
ო	ტ	ა	ე	ო	ჩ	ხ	ხ	რ	გ	რ	ა	მ	ი
მ	ე	მ	რ	ღ	ი	ს	წ	ძ	ი	მ	ა	ს	ა
ჰ	ო	ყ	ზ	ჭ	შ	ჯ	კ	შ	ჰ	თ	ე	რ	კ

ბაიტი
სანტიმეტრი
ათობითი
ხარისხი
სიღრმე
გრამი
სიმაღლე
ინჩი
კილოგრამი
კილომეტრი
სიგრძე
ლიტრი
მასა
მეტრი
წუთი
უნცია
ტონა
მოცულობა
წონა
სიგანე

4 - Farm #2

მ	ი	ტ	რ	ა	ქ	ტ	ო	რ	ი	ბ	ც	წ	ბ
ს	ა	რ	წ	ყ	ა	ვ	ი	დ	ზ	ი	ხ	ო	ს
ც	ფ	ე	რ	მ	ე	რ	ი	ა	ვ	ტ	ვ	ჟ	ხ
ო	ხ	ხ	ო	რ	ბ	ა	ლ	ი	ა	ი	რ	ე	ქ
ვ	ქ	ვ	შ	წ	ს	ი	დ	ნ	ი	მ	ი	ს	ფ
ს	ბ	ჰ	ა	რ	ი	ჰ	ჯ	ი	ვ	ც	ს	ბ	უ
მ	ლ	ბ	ჭ	რ	ზ	ე	პ	ვ	თ	მ	ძ	ი	ტ
ძ	ვ	ყ	რ	დ	ი	ლ	ი	ხ	ლ	ა	მ	ა	კ
ბ	ო	ს	ტ	ნ	ე	უ	ლ	ი	ს	ბ	ძ	ჟ	რ
წ	ი	ლ	ვ	ც	ძ	ღ	ფ	უ	ჭ	ნ	ა	ტ	ი
ზ	ძ	ლ	ე	ყ	რ	ო	მ	ჰ	ყ	შ	ვ	ღ	ს
დ	უ	წ	ძ	დ	ს	ა	კ	ვ	ე	ბ	ი	ს	ი
ე	შ	ჯ	ი	ს	მ	ე	ყ	წ	მ	თ	ჩ	კ	ჰ
ც	ხ	ო	ვ	ე	ლ	ე	ბ	ი	ლ	ე	ღ	ე	ბ

ცხოველები
ქერი
ბეღელი
ფუტკრის
სიმინდი
იხვი
ფერმერი
საკვები
ხილი
სარწყავი
ცხვრის
ლამა
მდელო
რძე
ბაღი
ცხვარი
მწყემსი
ტრაქტორი
ბოსტნეულის
ხორბალი

5 - Books

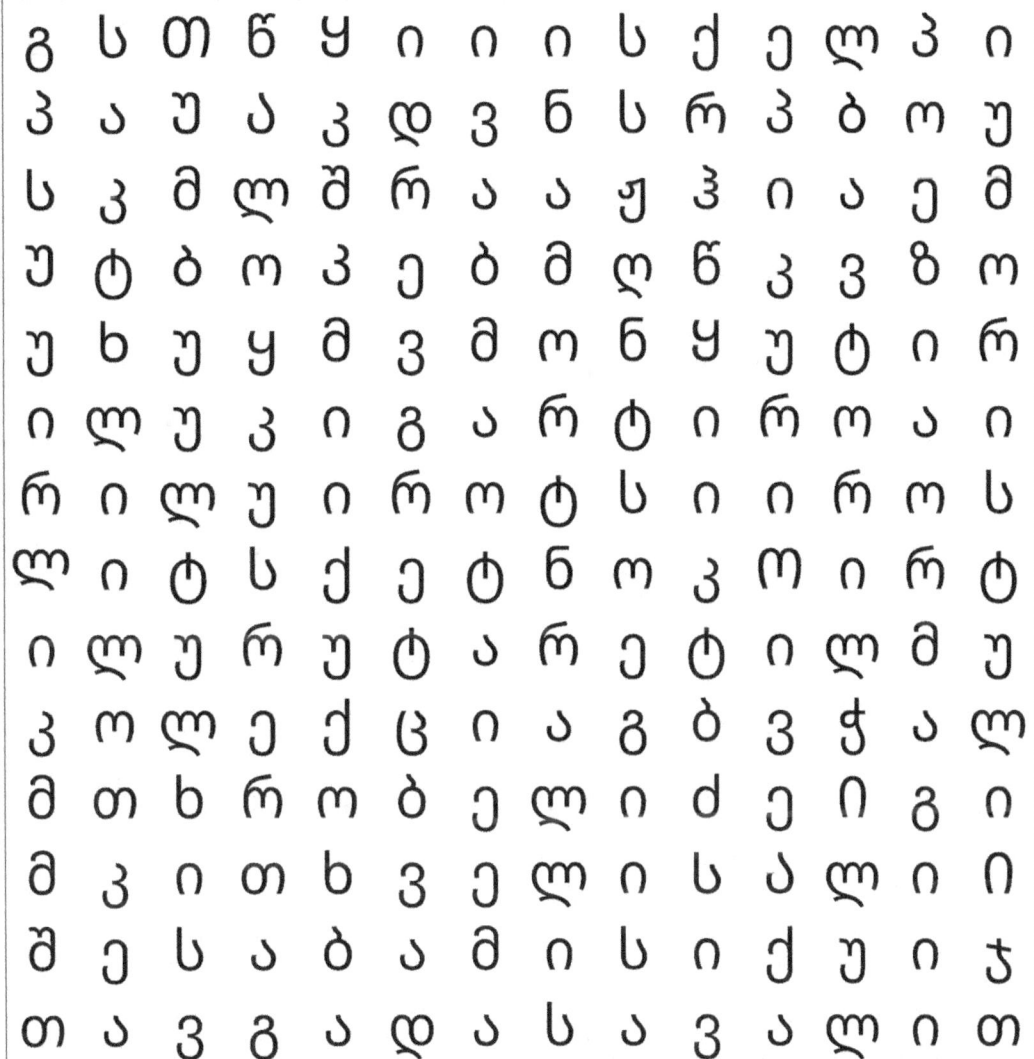

გ	ს	თ	წ	ყ	ი	ი	ი	ს	ქ	ე	ლ	პ	ი
პ	ა	უ	ა	კ	დ	ვ	ნ	ს	რ	პ	ბ	ო	უ
ს	კ	მ	ლ	შ	რ	ა	ა	ჟ	ჰ	ი	ა	ე	მ
უ	ტ	ბ	ო	პ	ე	ბ	მ	ლ	წ	კ	ვ	ზ	ო
უ	ხ	უ	ყ	მ	ვ	მ	ო	ნ	ყ	უ	ტ	ი	რ
ი	ლ	უ	კ	ი	გ	ა	რ	ტ	ი	რ	ო	ა	ი
რ	ი	ლ	უ	ი	რ	ო	ტ	ს	ი	ი	რ	ო	ს
ლ	ი	ტ	ს	ქ	ე	ტ	ნ	ო	კ	ო	ი	რ	ტ
ი	ლ	უ	რ	უ	ტ	ა	რ	ე	ტ	ი	ლ	მ	უ
კ	ო	ლ	ე	ქ	ც	ი	ა	გ	ბ	ვ	ჭ	ა	ლ
მ	თ	ხ	რ	ო	ბ	ე	ლ	ი	ძ	ე	ი	გ	ი
მ	კ	ი	თ	ხ	ვ	ე	ლ	ი	ს	ა	ლ	ი	ი
შ	ე	ს	ა	ბ	ა	მ	ი	ს	ი	ქ	უ	ი	ჯ
თ	ა	ვ	გ	ა	დ	ა	ს	ა	ვ	ა	ლ	ი	თ

თავგადასავალი
ავტორი
კოლექცია
კონტექსტი
ორმაგი
ეპიკური
ისტორიული
იუმორისტული
გამომგონებელი
ლიტერატურული
მთხრობელი
რომანი
გვერდი
ლექსი
პოეზია
მკითხველი
შესაბამისი
ამბავი
ტრაგიკული

6 - Meditation

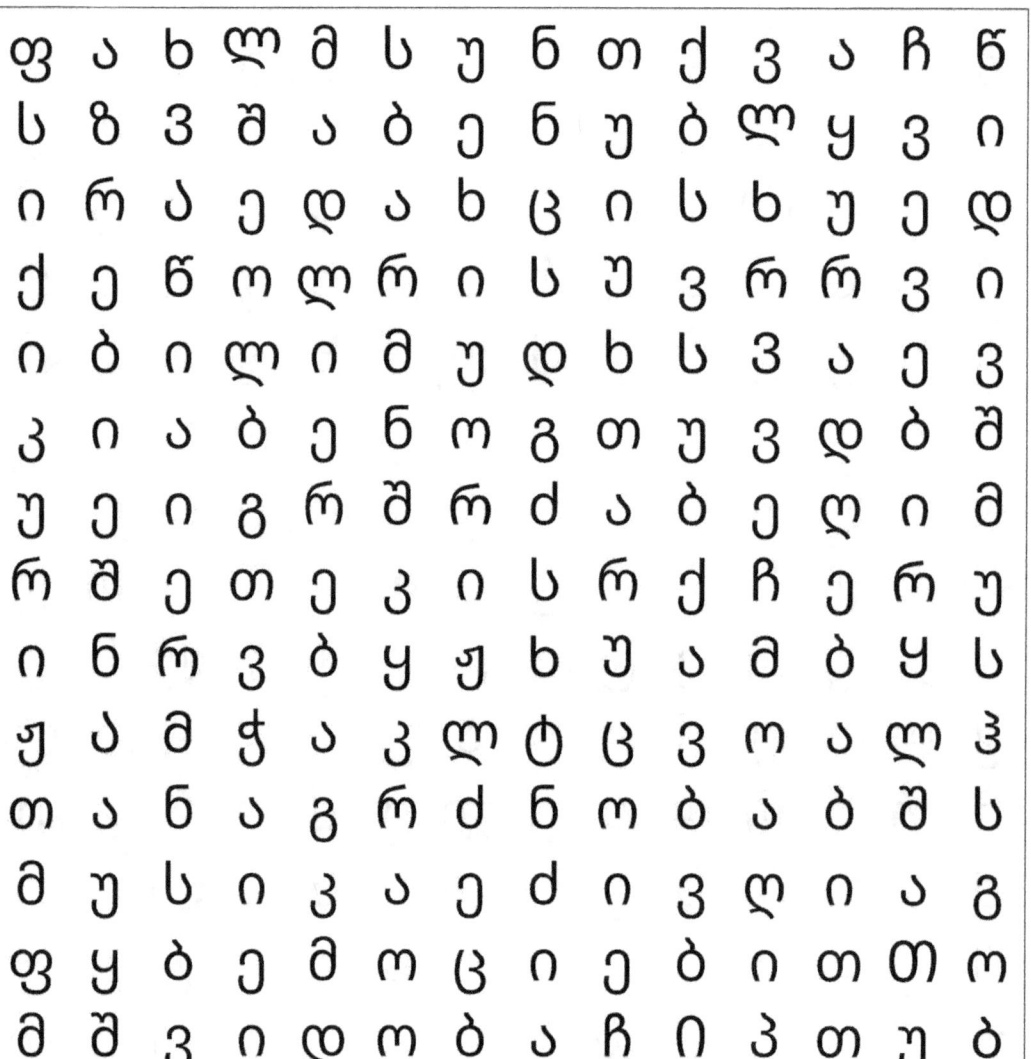

ფ	ა	ხ	ლ	მ	ს	უ	ნ	თ	ქ	ვ	ა	ჩ	წ
ს	ზ	ვ	შ	ა	ბ	ე	ნ	უ	ბ	ლ	ყ	ვ	ი
ი	რ	ა	ე	დ	ა	ხ	ც	ი	ს	ხ	უ	ე	დ
ქ	ე	წ	ო	ლ	რ	ი	ს	უ	ვ	რ	რ	ვ	ი
ი	ბ	ი	ლ	ი	მ	უ	დ	ხ	ს	ვ	ა	ე	ვ
კ	ი	ა	ბ	ე	ნ	ო	გ	თ	უ	ვ	დ	ბ	შ
უ	ე	ი	გ	რ	შ	რ	ძ	ა	ბ	ე	ღ	ი	მ
რ	შ	ე	თ	ე	კ	ი	ს	რ	ქ	ჩ	ე	რ	უ
ი	ნ	რ	ვ	ბ	ყ	ჟ	ხ	უ	ა	მ	ბ	ყ	ს
ჟ	ა	მ	ჭ	ა	კ	ლ	ტ	ც	ვ	ო	ა	ლ	ჰ
თ	ა	ნ	ა	გ	რ	ძ	ნ	ო	ბ	ა	ბ	შ	ს
მ	უ	ს	ი	კ	ა	ე	ძ	ი	ვ	ღ	ი	ა	გ
ფ	ყ	ბ	ე	მ	ო	ც	ი	ე	ბ	ი	თ	თ	ო
მ	შ	ვ	ი	დ	ო	ბ	ა	ჩ	ი	პ	თ	უ	ბ

მიღება
ყურადღება
გაილვიძე
სუნთქვა
მშვიდი
სიცხადე
თანაგრძნობა
ემოციები
მადლიერება
ჩვევები
სიკეთე
ფსიქიკური
გონება
მოძრაობა
მუსიკა
ბუნება
მშვიდობა
დუმილი
აზრები

7 - Days and Months

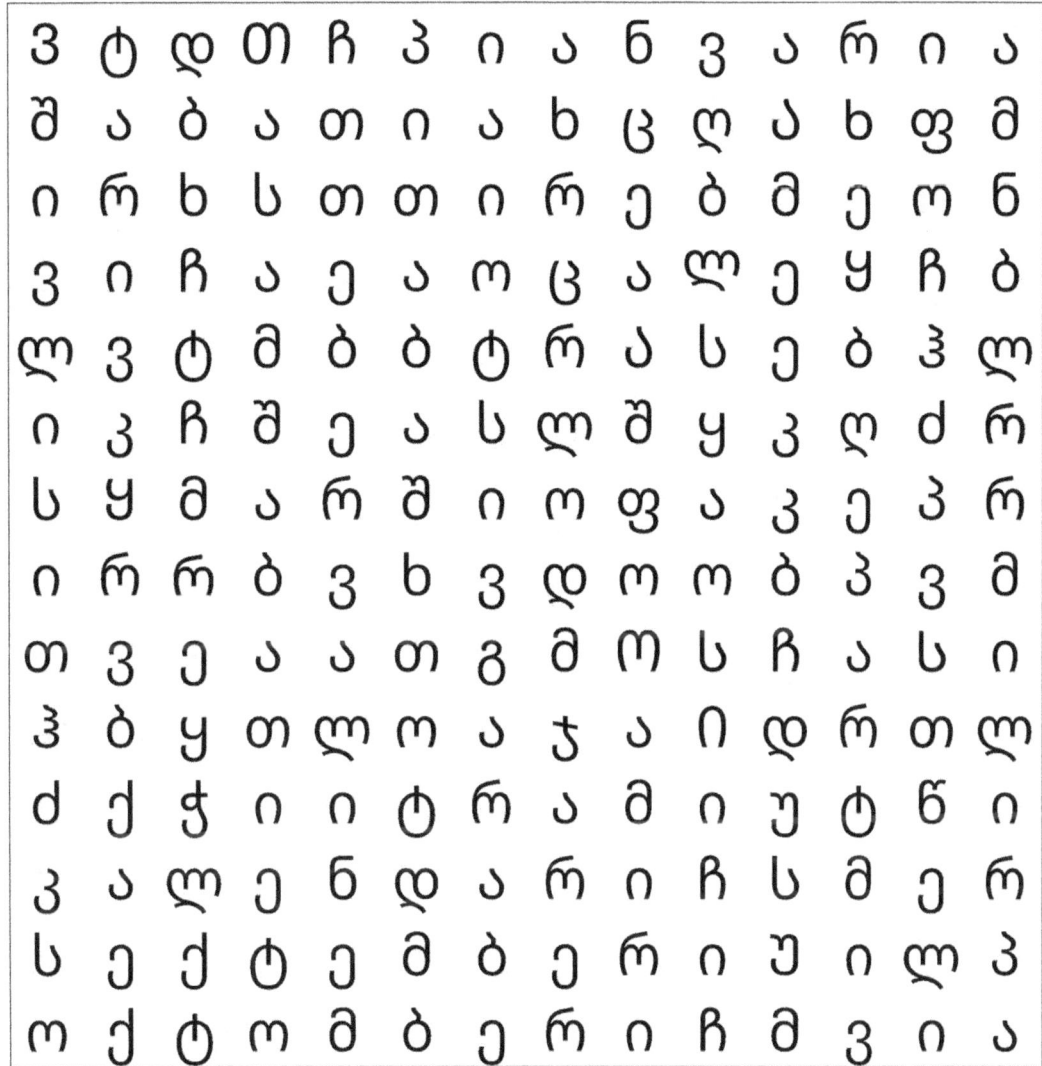

აპრილი
აგვისტო
კალენდარი
თებერვალი
პარასკევი
იანვარი
ივლისი
მარტი
მაისი
ორშაბათი

თვე
ნოემბერი
ოქტომბერი
შაბათი
სექტემბერი
კვირა
სამშაბათი
ოთხშაბათი
წელი

8 - Energy

ს	ე	მ	დ	ნ	ი	ბ	ძ	გ	ტ	ნ	ძ	უ	ყ
ა	ლ	რ	ა	რ	ჰ	ო	რ	ა	უ	ა	ბ	მ	ლ
ა	ე	ე	ბ	დ	ჯ	ჭ	ა	რ	რ	ხ	ე	ქ	თ
ვ	ქ	წ	ი	ძ	ი	ყ	ვ	ე	ბ	შ	ნ	ვ	წ
ტ	ტ	ვ	ნ	ე	ი	ზ	ა	მ	ი	ი	ზ	ე	ყ
ო	რ	ე	ძ	მ	ლ	ჩ	ე	ო	ნ	რ	ი	ნ	ა
მ	ო	ლ	უ	ა	ქ	ე	გ	ლ	ა	ბ	ნ	ტ	ლ
ო	ბ	ო	რ	პ	თ	ფ	ქ	ა	ი	ა	ი	რ	ბ
ბ	ფ	ბ	ე	მ	რ	უ	ო	ტ	ძ	დ	რ	ო	ა
ი	ვ	ა	ბ	ზ	ო	ტ	წ	ტ	რ	ი	ა	პ	დ
ლ	ი	ვ	ა	ვ	წ	ა	ს	პ	ო	ო	ქ	ი	ი
ო	ბ	ი	რ	თ	ვ	უ	ლ	ი	ქ	ნ	ნ	ა	ჭ
გ	ა	ნ	ა	ხ	ლ	ე	ბ	ა	დ	ი	ი	ი	ძ
ბ	ა	ტ	ა	რ	ე	ა	მ	გ	ხ	უ	ჯ	ს	ლ

ბატარეა
ნახშირბადი
დიზელი
ელექტრო
ელექტრონი
ძრავა
ენტროპია
გარემო
საწვავი
ბენზინი
წყალბადი
მრეწველობა
საავტომობილო
ბირთვული
ფოტონი
დაბინძურება
განახლებადი
ორთქლი
ტურბინა
ქარი

9 - Chess

შ	ო	ჯ	შ	ი	ს	რ	უ	კ	ნ	ო	კ	ც	რ
ჭ	კ	ვ	ი	ა	ნ	ი	რ	თ	ე	თ	ლ	გ	ა
გ	პ	მ	ტ	ლ	ვ	ო	ქ	უ	ლ	ე	ბ	ი	ძ
ა	ჟ	მ	პ	ჭ	ა	რ	ი	ს	მ	ს	კ	ვ	ჩ
მ	ე	ქ	რ	ჟ	ი	დ	ბ	პ	უ	ბ	ლ	ა	კ
ო	მ	ო	წ	ი	ნ	ა	ა	ლ	მ	დ	ე	გ	ე
წ	მ	ს	ხ	ვ	ე	რ	პ	ლ	ი	ე	ფ	ე	მ
ვ	წ	დ	ე	დ	ო	ფ	ა	ლ	ი	უ	ჩ	ბ	ხ
ე	ე	რ	ხ	შ	ჩ	წ	პ	ა	ს	ი	უ	რ	ი
ვ	ს	დ	ი	ა	გ	ო	ნ	ა	ლ	ი	დ	ყ	კ
ე	ე	თ	ა	მ	ა	შ	ი	შ	შ	გ	ზ	ზ	ჰ
ბ	ბ	ო	ყ	ა	ი	გ	ე	ტ	ა	რ	ტ	ს	ფ
ი	ი	მ	ო	თ	ა	მ	ა	შ	ე	ვ	ჰ	ვ	ხ
ტ	უ	რ	ნ	ი	რ	ი	ჭ	ო	წ	ყ	ი	ბ	ყ

შავი
გამოწვევები
ჩემპიონი
ჭკვიანი
კონკურსი
დიაგონალი
თამაში
მეფე
მოწინააღმდეგე
პასიური
მოთამაშე
ქულები
დედოფალი
წესები
მსხვერპლი
სტრატეგია
დრო
ტურნირი
თეთრი

10 - Archeology

ბ	შ	უ	შ	უ	ც	ნ	ო	ბ	ი	ხ	ი	ს	ა
დ	ჟ	ვ	ჭ	თ	ჟ	წ	ხ	ჭ	ს	გ	ბ	კ	ნ
პ	ი	ზ	წ	ყ	ა	ბ	ე	ს	ა	ფ	ე	შ	ა
ზ	რ	მ	ღ	ო	ჟ	მ	ე	უ	ჯ	უ	ლ	შ	ლ
ნ	ა	მ	ა	რ	ხ	ი	ო	პ	ზ	ვ	ვ	შ	ი
ღ	ვ	შ	მ	ი	ფ	ვ	დ	მ	ო	ტ	ძ	დ	ზ
ძ	ე	ყ	რ	ბ	ჰ	ა	ვ	ჩ	ა	ქ	მ	ი	ი
წ	ლ	შ	კ	ე	ვ	ლ	ყ	ც	ჰ	ვ	ა	ს	ჰ
დ	ვ	პ	ხ	ტ	ი	ფ	ი	ღ	ჭ	კ	ა	ე	ძ
ლ	კ	მ	მ	ქ	ჟ	ა	ლ	გ	ჟ	ძ	ს	ლ	შ
ე	მ	ჯ	ვ	ე	ხ	ს	ყ	დ	ხ	ჯ	ღ	ე	ი
გ	უ	ნ	დ	ი	რ	ა	ძ	ა	ტ	წ	ხ	ვ	ზ
ნ	ხ	კ	ი	ბ	ე	ნ	ვ	კ	ს	ა	დ	ძ	ძ
ყ	წ	წ	კ	ო	ლ	მ	უ	დ	ი	ა	ს	უ	ა

ანალიზი
უძველესი
ძვლები
შთამომავალი
ეპოქა
შეფასება
დასკვნები
ნამარხი
საიდუმლო
ობიექტები
მკვლევარი
გუნდი
ტაძარი
საფლავი
უცნობი

11 - Food #2

Ი	ვ	მ	ყ	წ	ა	პ	მ	ჯ	Ი	ჰ	კ	წ	ბ
ს	ი	ლ	შ	ა	ვ	ე	ხ	ხ	ზ	შ	ი	რ	რ
ა	რ	ტ	ი	შ	ო	კ	ი	ო	წ	შ	ვ	ტ	ო
ა	ო	Ო	ლ	პ	ი	ჯ	ნ	ი	რ	ბ	ი	ლ	კ
ლ	დ	კ	ე	ა	შ	პ	ე	ძ	ს	ბ	მ	Ვ	ო
უ	ი	ბ	ვ	წ	შ	ა	ძ	Თ	Ი	ქ	ა	ი	ლ
ბ	მ	ა	ყ	ე	ტ	პ	რ	ბ	ჩ	Ა	თ	ლ	ი
ა	ო	დ	რ	გ	რ	Თ	უ	ს	ა	თ	ა	ჩ	ი
ლ	პ	რ	ძ	ვ	ნ	ც	ყ	Ა	ფ	ნ	ქ	ბ	რ
ი	თ	ი	ს	ო	კ	ო	ხ	ი	ჭ	ძ	ა	თ	ო
ჭ	ე	ჯ	მ	ჟ	ძ	ლ	ტ	ი	Ვ	რ	Ვ	ნ	ლ
უ	ვ	ა	შ	ო	კ	ო	ლ	ა	დ	ი	შ	ჰ	ი
Თ	ზ	ნ	ხ	ლ	ხ	ნ	ი	ა	ხ	უ	რ	ი	ბ
თ	ი	ი	ი	ო	გ	უ	რ	ტ	ი	რ	Თ	ჰ	Თ

ვაშლის
არტიშოკი
ბანანი
ბროკოლი
ნიახური
ყველი
ალუბალი
ქათამი
შოკოლადი
კვერცხი
ბადრიჯანი
თევზი
ყურძენი
ლორი
კივი
სოკო
ბრინჯი
პომიდორი
ხორბალი
იოგურტი

12 - Chemistry

კ	ა	ტ	ა	ლ	ი	ზ	ა	ტ	ო	რ	ი	თ	ლ
ვ	მ	ჩ	მ	ო	ხ	ა	ვ	ა	ჟ	მ	ი	უ	ი
ყ	ჰ	ქ	ი	წ	ნ	ე	ტ	უ	ტ	ზ	ლ	ტ	თ
თ	ხ	ე	ვ	ა	დ	ი	ნ	ო	ი	ი	უ	ნ	ო
ე	ლ	ე	ქ	ტ	რ	ო	ნ	ი	მ	ლ	ვ	ა	ნ
ჟ	ა	ნ	გ	ბ	ა	დ	ი	რ	ქ	უ	თ	წ	ე
ზ	ყ	გ	ა	ზ	ი	ყ	ლ	ო	ი	ნ	რ	თ	ბ
მ	წ	შ	წ	ო	ნ	ა	ძ	ლ	ტ	ა	ი	ი	ი
წ	ყ	ა	ლ	ბ	ა	დ	ი	ქ	ნ	გ	ბ	ლ	შ
რ	ვ	ჩ	ჩ	ს	ფ	ღ	ლ	წ	ე	რ	წ	ი	ყ
გ	პ	ღ	მ	ჭ	ბ	მ	ა	ჯ	მ	ო	ძ	რ	ჯ
ტ	ე	მ	პ	ე	რ	ა	ტ	უ	რ	ა	მ	ა	წ
ხ	ა	ც	ქ	ო	ყ	პ	მ	ჩ	ე	ვ	უ	მ	დ
უ	მ	ო	ლ	ე	კ	უ	ლ	ა	ფ	პ	რ	წ	უ

მჟავა
ტუტე
ატომური
კატალიზატორი
ქლორი
ელექტრონი
ფერმენტი
გაზი
წყალბადი
იონი
თხევადი
ლითონები
მოლეკულა
ბირთვული
ორგანული
ჟანგბადი
მარილი
ტემპერატურა
წონა

13 - Music

ი	შ	ტ	ბ	ჩ	წ	ა	დ	ხ	ო	მ	ჰ	გ	უ
ბ	ვ	ხ	ა	ბ	ა	ზ	წ	ვ	პ	უ	ა	უ	ო
ს	ჟ	ს	ლ	უ	ჟ	წ	ყ	ლ	ე	ს	რ	ნ	ი
ჭ	შ	ლ	ა	ჭ	დ	ს	ე	თ	რ	ი	მ	დ	ნ
ა	ა	ი	დ	ო	ლ	ე	მ	რ	ა	კ	ო	ი	ს
რ	თ	დ	ა	შ	ს	ღ	ფ	ქ	ა	ო	ნ	ლ	ტ
ი	რ	უ	ლ	ა	კ	ი	ს	უ	მ	ს	ი	ი	რ
ტ	მ	პ	ჭ	რ	ვ	მ	მ	ო	პ	ი	უ	რ	უ
მ	ც	ტ	კ	ჰ	უ	ო	თ	რ	ო	უ	ლ	ი	მ
უ	ე	მ	ი	ლ	ქ	ბ	ი	ტ	ე	ზ	ი	კ	ე
ლ	ი	ჭ	ჯ	რ	უ	ლ	ყ	რ	ტ	ი	შ	უ	ნ
ი	რ	უ	კ	ი	ს	ა	ლ	კ	უ	ჭ	ღ	ლ	ტ
უ	ჭ	თ	ღ	ა	ი	ნ	ო	მ	რ	ა	ჰ	ი	ი
მ	ო	მ	ღ	ე	რ	ა	ლ	ი	ი	რ	მ	ტ	ჭ

ალბომი
ბალადა
გუნდი
კლასიკური
ჰარმონიული
ჰარმონია
ინსტრუმენტი
ლირიკული
მელოდია
მუსიკალური
მუსიკოსი
ოპერა
პოეტური
ჩაწერა
რიტმი
რიტმული
მომღერალი

14 - Family

ქ	მ	ლ	ა	პ	ღ	ძ	დ	უ	ა	ჯ	გ	მ	ძ
ყ	მ	ც	ჟ	ფ	ტ	რ	რ	ძ	ძ	რ	თ	ა	დ
ყ	გ	ა	თ	ა	დ	ე	დ	ჟ	ყ	ა	დ	მ	მ
დ	ვ	ვ	რ	ლ	ჳ	ნ	ბ	ბ	ყ	ბ	რ	ო	ა
ნ	ი	ჯ	ნ	ი	ი	ბ	ე	ვ	შ	ვ	ა	ბ	მ
ი	ლ	ს	ლ	ღ	ლ	ა	მ	ძ	ლ	ტ	ხ	რ	ა
ნ	ი	ბ	შ	ღ	ო	ბ	ო	თ	ყ	ი	ფ	ი	ა
ა	ვ	ა	დ	ვ	ც	უ	ხ	ბ	ღ	ზ	რ	ვ	შ
პ	შ	ვ	უ	ე	ი	ა	ბ	ი	ძ	ა	გ	ი	ბ
ა	ს	შ	დ	ა	ი	ლ	ი	ვ	შ	ა	ძ	ი	ბ
რ	ი	ვ	ე	თ	ვ	დ	ი	ბ	ა	ვ	შ	ვ	ი
ი	მ	ო	დ	ე	დ	ა	ა	ბ	ჩ	ჰ	ი	ჭ	პ
ფ	ძ	ბ	ქ	ა	ლ	ი	შ	ვ	ი	ლ	ი	ნ	ღ
შ	გ	ა	შ	ვ	ი	ლ	ი	შ	ვ	ი	ლ	ი	მ

წინაპარი
დეიდა
ძმა
ბავშვი
ბავშვობა
ბავშვები
ბიძაშვილი
ქალიშვილი
მამა
ბაბუა
შვილიშვილი
ქმარი
დედათა
დედა
ძმისშვილი
დისშვილი
მამობრივი
და
ბიძა
ცოლი

15 - Farm #1

ხ	ს	უ	პ	ჯ	თ	ჯ	რ	ძ	ც	ტ	ა	ი	თ
ბ	ხ	ც	ს	ლ	ა	ე	ძ	გ	წ	ხ	რ	უ	ი
ი	რ	ა	კ	ტ	უ	ფ	ს	პ	რ	ო	ე	ჩ	ვ
ს	ზ	ღ	ძ	ხ	უ	ა	ი	ლ	ღ	ა	ძ	ნ	ა
ო	ძ	ჰ	მ	რ	ყ	ლ	ჭ	ჟ	ი	ლ	ე	ვ	ი
ნ	ჭ	რ	ა	ც	ო	ფ	ხ	ა	ქ	დ	ჯ	მ	ხ
ი	ხ	მ	ო	რ	ხ	დ	რ	ზ	უ	მ	ჯ	ი	ზ
ხ	ც	ლ	ჩ	ხ	დ	ვ	დ	ჰ	ს	ვ	ძ	ვ	ლ
ბ	შ	ი	ლ	ფ	ა	თ	ხ	წ	ა	ვ	ი	რ	ი
ო	წ	ყ	ა	ლ	ი	ხ	ლ	პ	ს	ჯ	ძ	ვ	მ
კ	ა	ტ	ა	გ	უ	ა	ბ	რ	ი	ნ	ჯ	ი	ა
ქ	რ	ო	უ	ღ	ო	ბ	ე	წ	ღ	ძ	ჭ	ნ	თ
ც	ა	წ	ფ	ზ	ბ	შ	ნ	ლ	ჩ	ტ	დ	ქ	ა
ძ	ფ	ხ	რ	ჰ	პ	ძ	რ	ყ	ნ	ღ	პ	რ	ქ

ფუტკარი
ბისონი
ხბო
კატა
ქათამი
ძროხა
ქროუ
ძაღლი
ვირი
ღობე
სასუქი
ველი
ფარა
თხა
თივა
თაფლი
ცხენი
ბრინჯი
თესლი
წყალი

16 - Camping

ც	ნ	ა	დ	ი	რ	ო	ბ	ა	მ	თ	ა	კ	ს
კ	ხ	თ	ლ	ო	ქ	ძ	უ	ხ	რ	რ	ბ	ა	ა
ო	მ	ო	რ	ქ	გ	ა	რ	თ	ო	ბ	ა	რ	ლ
მ	წ	Ი	ვ	Ო	უ	ლ	ს	რ	ვ	ე	ე	ვ	ო
პ	ე	ა	ზ	ე	წ	დ	გ	ს	კ	Ა	რ	ა	ნ
ა	რ	დ	ფ	ო	ლ	ძ	ი	კ	ა	მ	ა	ჰ	შ
ს	ი	კ	რ	ნ	ბ	ე	ა	ლ	ს	ხ	ვ	Ა	ი
ი	რ	ნ	პ	ა	უ	ა	ბ	ტ	ხ	ლ	თ	ქ	Ი
ჰ	უ	ძ	ძ	კ	ო	თ	ე	ი	ჭ	ც	მ	ს	ბ
ყ	კ	ზ	ფ	კ	ფ	შ	ნ	ა	ვ	უ	ე	ყ	ტ
ძ	ა	ღ	Თ	ზ	ხ	უ	უ	ყ	ლ	ღ	გ	ც	მ
თ	ო	კ	ი	ჭ	შ	ი	ბ	ე	ე	ხ	კ	ჟ	კ
თ	ა	ვ	გ	ა	დ	ა	ს	ა	ვ	ა	ლ	ი	ვ
ძ	პ	რ	ც	Ო	მ	Თ	თ	ყ	ჟ	Ო	ჩ	შ	ც

თავგადასავალი
ცხოველები
სალონში
კანოე
კომპასი
ცეცხლი
ტყე
გართობა
ჰამაკი
ქუდი
ნადირობა
მწერი
ტბა
რუკა
მთვარე
მთა
ბუნება
თოკი
კარვა
ხეები

17 - Algebra

რ	პ	ყ	დ	თ	მ	ა	ტ	რ	ი	ც	ა	ა	ღ
ჯ	ა	ბ	ე	ვ	ი	ტ	რ	ა	მ	ა	გ	თ	ჰ
ე	მ	ო	ი	ტ	ნ	ე	ნ	ო	პ	ს	ქ	ე	ა
გ	ა	ნ	დ	ქ	ძ	ჟ	ფ	ო	რ	მ	უ	ლ	ა
ა	რ	ო	ა	ე	გ	ჩ	ხ	ჯ	პ	ჟ	უ	ს	ი
მ	გ	მ	ლ	ჩ	ნ	ა	ი	ც	ქ	ა	რ	ფ	ლ
ო	ა	ე	ვ	ჟ	ძ	ო	ნ	წ	ი	ღ	ც	ნ	ა
კ	ი	რ	ც	პ	ე	ლ	ბ	ტ	რ	დ	ს	მ	ვ
ლ	დ	ი	ვ	ი	ფ	რ	წ	ა	ო	ყ	ბ	ყ	ა
ე	დ	ა	მ	ა	ტ	ე	ბ	ა	ტ	ლ	ო	ლ	ს
ბ	უ	ს	ა	ს	რ	უ	ლ	ო	ქ	პ	ე	ფ	ო
ა	მ	ე	ლ	ბ	ო	რ	პ	ვ	ა	ი	უ	ბ	მ
ნ	უ	ლ	ო	ვ	ა	ნ	ი	ი	ფ	ი	ვ	ფ	ა
ფ	რ	ჩ	ხ	ი	ლ	ე	ბ	შ	ი	ჰ	ბ	რ	გ

დამატება
დიაგრამა
განტოლება
ექსპონენტი
ფაქტორი
ცრუ
ფორმულა
ფრაქცია
უსასრულო
წრფივი
მატრიცა
ნომერი
ფრჩხილებში
პრობლემა
რაოდენობა
გამარტივება
გამოსავალი
გამოკლება
ცვლადი
ნულოვანი

18 - Numbers

ც	ღ	პ	ე	თ	თ	პ	ც	ქ	ო	გ	ლ	ჯ	შ
ჰ	ხ	კ	ხ	ო	ვ	ჯ	ხ	ე	ქ	ვ	ს	ი	რ
ე	ყ	რ	ა	თ	რ	თ	რ	თ	ფ	ჟ	უ	დ	ე
უ	რ	პ	ა	ხ	ა	ო	ა	წ	პ	მ	ხ	ი	ც
დ	თ	თ	უ	მ	მ	რ	მ	ჰ	ღ	ფ	ჩ	ვ	ზ
ს	კ	ზ	ი	ე	ე	მ	ე	ტ	ც	ო	ჭ	შ	შ
თ	თ	ჭ	მ	ტ	ტ	ე	ტ	ხ	ხ	ქ	ძ	შ	ლ
ძ	ც	გ	ა	ი	ი	ტ	ი	თ	ი	ბ	ო	თ	ა
ყ	ა	პ	ს	თ	თ	ი	ო	თ	ხ	ი	ო	ს	ც
შ	მ	რ	ვ	ა	ო	უ	თ	ტ	პ	რ	წ	წ	ხ
ბ	ე	ზ	ხ	მ	ვ	ძ	ხ	ხ	ზ	ო	ო	ე	უ
კ	ტ	თ	ე	ქ	ვ	ს	მ	ე	ტ	ი	ც	გ	ჰ
ყ	ი	ტ	ე	მ	დ	ი	ვ	ჩ	ი	შ	ი	ზ	ჩ
თ	ხ	უ	თ	მ	ე	ტ	ი	ც	ჭ	ნ	მ	რ	თ

ათობითი
რვა
თვრამეტი
თხუთმეტი
ხუთი
ოთხი
თოთხმეტი
ცხრა
ცხრამეტი
ერთი
შვიდი
ჩვიდმეტი
ექვსი
თექვსმეტი
ათი
ცამეტი
სამი
თორმეტი
ოცი
ორი

19 - Spices

მ	ი	ხ	ა	კ	ი	ტ	კ	ბ	ი	ლ	ი	წ	ჯ
მ	ო	ყ	კ	კ	ა	რ	ო	მ	ა	ტ	ი	მ	ბ
პ	ლ	ო	ი	რ	ო	ი	ნ	ყ	ს	ფ	ზ	ჟ	რ
პ	პ	პ	რ	ც	ყ	ჭ	კ	უ	რ	ი	ვ	ყ	ს
შ	ს	თ	პ	ი	ლ	ი	ა	უ	ლ	თ	ა	თ	ყ
რ	ო	ვ	ა	ქ	ი	ნ	ძ	ი	ო	ძ	ჯ	ა	ბ
კ	ც	დ	პ	დ	ა	რ	ი	ჩ	ი	ნ	ი	ლ	ი
ვ	ე	რ	ა	წ	მ	შ	ხ	ბ	ა	ზ	გ	ი	ჯ
ა	რ	ი	ბ	ი	ჭ	ზ	მ	ხ	ნ	ქ	ფ	ბ	რ
ნ	ე	ლ	ნ	ლ	პ	ჭ	ო	ა	ა	ზ	ა	კ	რ
ი	ც	ი	უ	ი	ძ	ი	ზ	ნ	რ	ხ	რ	ტ	ნ
ლ	ჰ	რ	ძ	უ	ფ	ც	თ	ი	ფ	ყ	ვ	რ	რ
ი	მ	ა	ი	ძ	წ	ძ	ჯ	ს	ა	დ	უ	ი	ფ
ყ	კ	მ	ს	პ	შ	ხ	ღ	ი	ზ	ე	ჯ	ძ	ბ

ანისი
მწარე
ილი
დარიჩინი
მიხაკი
ქინძი
კეინი
კური
ცერეცოს
არომატი
ნიორი
კოჭა
ძირტკბილა
ჯავზი
ხახვი
პაპრიკა
ზაფრანა
მარილი
ტკბილი
ვანილი

20 - Universe

ა	გ	ჭ	ნ	ხ	გ	ა	ლ	ა	ქ	ტ	ი	კ	ა
ჰ	ტ	რ	ა	ს	ტ	რ	ო	ნ	ო	მ	ი	ა	ც
ო	ნ	მ	ძ	ს	ი	ბ	ნ	ე	ლ	ე	ნ	თ	რ
რ	ყ	ე	ო	ე	ა	ს	ტ	ე	რ	ო	ი	დ	ი
ი	დ	ო	ო	ს	დ	კ	ო	ს	მ	ი	უ	რ	ი
ზ	ო	ნ	რ	ჭ	ფ	ი	მ	ზ	ი	ს	კ	ო	მ
ო	ი	პ	ო	კ	ს	ე	ლ	ე	ტ	ი	ყ	ქ	ო
ნ	ხ	ო	რ	ე	ფ	ს	რ	ა	ვ	ე	ხ	ა	ნ
ტ	მ	ი	ც	უ	პ	უ	ც	ო	მ	ო	მ	ი	ო
ი	ყ	მ	ლ	ჰ	ზ	ხ	ი	ფ	თ	რ	ჩ	დ	რ
წ	წ	ყ	მ	უ	ც	ლ	უ	ყ	ვ	ბ	პ	ო	ტ
ჭ	ჯ	შ	შ	მ	ლ	ქ	რ	პ	ა	ი	ლ	ზ	ს
ა	ი	პ	კ	თ	ვ	ი	ი	ს	რ	ტ	გ	ძ	ა
მ	ზ	ე	დ	გ	ო	მ	ა	ს	ე	ა	წ	პ	ჰ

ასტეროიდი
ასტრონომი
ასტრონომია
ატმოსფერო
ციური
კოსმიური
სიბნელე
ეონ
გალაქტიკა
ნახევარსფერო
ჰორიზონტი
გრძედი
მთვარე
ორბიტა
ცა
მზის
მზედგომა
ტელესკოპი
ხილული
ზოდიაქო

21 - Mammals

კ	ა	ძ	თ	ლ	ს	ღ	პ	ც	ჯ	ო	კ	ძ	ვ
უ	წ	ს	შ	მ	ყ	პ	ე	ჭ	ა	თ	ბ	ა	ე
რ	ჩ	ძ	კ	უ	გ	ჩ	ი	ვ	თ	ა	დ	ღ	შ
დ	უ	რ	უ	გ	ნ	ე	კ	ლ	ტ	უ	ქ	ლ	ა
ღ	ჯ	ჭ	ს	რ	მ	ზ	ლ	ჰ	ო	გ	ხ	ი	პ
ე	რ	პ	ც	რ	ა	ე	ქ	ი	ნ	ე	ხ	ც	ი
ლ	ო	პ	ტ	ჰ	ი	ბ	ჭ	რ	მ	ხ	ა	რ	ი
ი	ვ	ხ	ა	თ	მ	რ	ჰ	ა	პ	ო	ა	უ	უ
ხ	კ	ლ	მ	ჩ	უ	ა	კ	ვ	ო	ა	ლ	ე	მ
ფ	ი	რ	გ	ჩ	ნ	ე	ვ	ხ	ი	შ	ი	ყ	ნ
პ	შ	მ	შ	თ	ი	პ	ხ	ც	ქ	ქ	რ	ჰ	კ
კ	ო	ი	ო	ტ	ი	ფ	ა	რ	ი	ჟ	ო	მ	წ
კ	ა	ტ	ა	ჩ	პ	ღ	ს	ჩ	შ	ა	გ	ო	ო
ს	თ	ბ	ხ	ჩ	წ	მ	დ	ე	ლ	ფ	ი	ნ	ი

დათვი
თახვი
ხარი
კატა
კოიოტი
ძაღლი
დელფინი
სპილო
მელა
ჟირაფი
გორილა
ცხენი
კენგურუ
ლომი
მაიმუნი
კურდღელი
ცხვარი
ვეშაპი
მგელი
ზებრა

22 - Restaurant #1

დ	ს	ო	უ	ს	ი	პ	ბ	დ	ძ	ჟ	ა	პ	ლ
ი	ა	ნ	ა	დ	ხ	ვ	წ	თ	ე	ვ	ლ	ზ	ჩ
ნ	ტ	ჯ	მ	ტ	ვ	ე	რ	ა	ხ	ც	ე	ხ	ს
გ	ი	მ	ა	ო	ღ	ვ	ლ	ვ	კ	ი	რ	ო	ა
რ	ფ	ქ	ვ	ვ	ლ	ს	ჯ	ს	წ	ტ	გ	რ	კ
ე	რ	ა	ა	ბ	შ	ა	ჩ	ბ	ა	მ	ი	ც	ვ
დ	ი	თ	ყ	ჯ	მ	ნ	რ	ქ	ქ	ხ	ა	ი	ე
ი	ფ	ა	ჟ	ტ	ც	ბ	ა	ე	ო	კ	ო	ბ	ბ
ე	ს	მ	ჰ	ჯ	წ	მ	ხ	ი	ე	ი	ჰ	ც	ი
ნ	თ	ი	ტ	ნ	ვ	ი	ტ	რ	ე	ს	ე	დ	ი
ტ	წ	ო	ლ	უ	ე	რ	ა	ზ	მ	ა	ს	ბ	გ
ე	ჭ	მ	ე	ნ	ი	უ	ი	რ	შ	თ	ზ	ფ	შ
ბ	ვ	ყ	ი	ც	შ	პ	ყ	ნ	ტ	ხ	მ	რ	ძ
ი	ნ	ა	ტ	მ	ი	მ	ღ	ო	გ	ძ	წ	ჯ	ზ

ალერგია
თასი
პური
მოლარე
ქათამი
ყავა
დესერტი
საკვები
ინგრედიენტები
სამზარეულო

დანა
ხორცი
მენიუ
ხელსახოცი
ფირფიტა
დაჯავშნა
სოუსი
ცხარე
მიმტანი

23 - Bees

გ	ა	ხ	ჩ	ჭ	თ	ჟ	ო	ყ	მ	ვ	ს	მ	ფ
ვ	ბ	ი	რ	ე	ვ	ტ	მ	ვ	ც	ე	ა	წ	რ
ჰ	ო	ლ	ვ	ტ	თ	ჩ	ი	ა	ე	კ	კ	ე	თ
ნ	ლ	ი	ლ	ი	ხ	ხ	რ	ვ	ნ	ო	ვ	რ	ე
პ	ი	ვ	კ	ძ	ი	ჩ	ო	ი	ა	ს	ე	ი	ბ
ყ	ვ	ც	ვ	ჰ	ლ	ი	ვ	ლ	რ	ი	ბ	მ	ი
ყ	ა	ბ	ა	ჯ	ა	ი	ი	ე	ე	ს	ი	რ	წ
შ	ვ	ა	მ	ნ	ფ	ბ	თ	ბ	ე	ტ	ჭ	ა	პ
ქ	ყ	ღ	ლ	შ	ო	ბ	ი	ი	ბ	ე	უ	ვ	ქ
მ	ტ	ი	ი	ღ	დ	ც	ჯ	ტ	ი	მ	მ	ს	მ
ე	თ	ხ	ლ	ღ	ე	წ	დ	გ	ა	ა	ძ	ზ	ც
ლ	რ	წ	ფ	ვ	დ	ძ	ხ	გ	ვ	ტ	პ	ჭ	ე
ს	ა	ს	ა	რ	გ	ე	ბ	ლ	ო	ა	ი	ე	ძ
უ	ი	პ	თ	პ	ს	უ	მ	რ	პ	ღ	უ	თ	შ

სასარგებლოა
ყვავილობა
ეკოსისტემა
ყვავილები
საკვები
ხილი
ბაღი
ჰაბიტატი
აივ
თაფლი
მწერი
მცენარეები
მტვერი
დედოფალი
კვამლი
მზე
სვარმი
ცვილი
ფრთები

24 - Photography

ფ	ზ	გ	ბ	ა	მ	კ	ხ	კ	ჩ	შ	უ	წ	წ
ო	ჯ	ა	ა	ვ	ხ	ა	ნ	ა	ა	შ	ჩ	გ	რ
რ	თ	მ	ვ	ი	ს	დ	ძ	მ	რ	ა	რ	ა	ლ
მ	ი	ო	ი	კ	ც	მ	წ	ე	ჩ	ვ	დ	ნ	ო
ა	რ	ფ	ტ	გ	ო	ი	ქ	რ	ო	ი	ი	ა	თ
ტ	ლ	ე	ქ	პ	ა	ნ	ზ	ა	ლ	ბ	ლ	თ	ე
ი	ე	ნ	ე	ქ	მ	ნ	ტ	ო	რ	უ	ე	ე	მ
ა	ლ	ა	პ	რ	შ	ო	მ	რ	პ	ი	ბ	ბ	ა
წ	ე	ლ	ს	ჟ	ქ	თ	ფ	ა	ა	მ	ი	ა	ბ
ნ	ნ	წ	რ	უ	ე	ლ	ე	ვ	რ	ს	ო	უ	ფ
ო	ბ	ი	ე	ქ	ტ	ი	რ	ნ	ჟ	ტ	ტ	კ	ს
ნ	ი	მ	პ	ვ	რ	პ	ი	ჩ	ვ	კ	ე	ი	ზ
ლ	ს	პ	ო	რ	ტ	რ	ე	ტ	ი	ვ	რ	ბ	ბ
ტ	ე	ქ	ს	ტ	უ	რ	ა	ა	ა	ჰ	ლ	ო	ა

შავი
კამერა
ფერი
კომპოზიცია
კონტრასტი
სიბნელე
განმარტება
გამოფენა
ფორმატი
ჩარჩო
განათება
ობიექტი
პერსპექტივა
პორტრეტი
ჩრდილები
თემა
ტექსტურა
ნახვა

25 - Weather

ც	ა	უ	ი	წ	უ	ძ	ღ	ე	ჳ	ჳ	ზ	რ	ც
ჷ	ი	ლ	ს	ი	ნ	ი	რ	ა	ჰ	ლ	ვ	ბ	ი
ჳ	ვ	ს	ჵ	ზ	ი	ლ	უ	კ	ი	პ	ო	რ	ტ
ხ	ა	ე	ა	დ	წ	ტ	ბ	ჟ	ფ	ჭ	რ	ა	ბ
ჲ	ი	ლ	ო	რ	ო	რ	ე	ფ	ს	ო	მ	ტ	ა
ლ	ნ	ვ	წ	დ	ტ	მ	ლ	ც	ნ	წ	გ	ო	გ
ჲ	ჯ	ა	ჳ	ლ	გ	ყ	ი	ლ	უ	ნ	ი	ყ	ვ
კ	ლ	ი	მ	ა	ტ	ი	ე	ჶ	ჯ	ც	მ	ტ	ა
ჭ	დ	ჩ	შ	შ	მ	ღ	წ	ლ	ა	თ	რ	ო	ლ
მ	შ	რ	ა	ლ	ი	უ	ზ	ჵ	ა	გ	ო	რ	ვ
ბ	ხ	ჳ	კ	შ	უ	ა	ს	ხ	ი	შ	ტ	ნ	ა
პ	ო	ლ	ა	რ	უ	ლ	ი	ო	ღ	ს	შ	ა	ლ
ქ	ა	რ	ი	შ	ხ	ა	ლ	ი	ნ	ბ	ბ	დ	ჳ
ყ	თ	შ	ი	მ	ჯ	ჭ	ვ	ტ	ა	ი	ლ	ო	ჩ

ატმოსფერო
ნიავი
კლიმატი
ღრუბელი
გვალვა
მშრალი
ნისლი
ქარიშხალი
ყინული
ელვა
მუსონი
პოლარული
ცისარტყელა
□□
შტორმი
□□□□□□□
ტორნადო
ტროპიკული
ქარი

26 - Adventure

ნ	ი	ლ	უ	რ	ა	ხ	ი	ს	ღ	ე	რ	პ	ა
ა	ბ	ე	დ	ა	ზ	მ	ო	მ	ჰ	ქ	ჩ	კ	ც
ვ	ე	უ	ჩ	ვ	ე	უ	ლ	ო	ე	ს	ჭ	ჟ	ძ
ი	რ	ი	ვ	კ	ა	ს	ა	გ	ლ	კ	გ	ვ	ლ
გ	ბ	ხ	Ი	ი	მ	ზ	ა	ი	ზ	უ	თ	ნ	ე
ა	ო	Უ	Ი	ბ	რ	ჯ	ბ	ვ	ჰ	რ	პ	Ო	ს
ც	გ	ლ	ჭ	ვ	უ	ჟ	ე	ი	ქ	ს	პ	წ	ი
ი	ე	ბ	რ	პ	ჟ	ე	ნ	ს	ლ	ი	ვ	პ	რ
ა	მ	ნ	Ო	მ	ტ	ლ	უ	ბ	ი	ა	ტ	გ	თ
Თ	ი	ჟ	ხ	ბ	პ	ა	ბ	ზ	დ	ს	ხ	გ	უ
უ	ს	ა	ფ	რ	თ	ხ	ო	ე	ბ	ა	ჩ	ა	ლ
ი	ნ	ი	ს	ი	ლ	ა	მ	ა	ზ	ე	ა	შ	ე
ს	ა	შ	ი	შ	ი	მ	ა	რ	შ	რ	უ	ტ	ი
ჭ	შ	ც	ს	ბ	ა	ქ	ტ	ი	ვ	ო	ბ	ა	ჟ

აქტივობა
სილამაზე
შანსი
საშიში
სირთულე
ენთუზიაზმი
ექსკურსია
მეგობრები
მარშრუტი
სიხარული
ბუნება
ნავიგაცია
ახალი
მომზადება
უსაფრთხოება
გასაკვირი
უჩვეულო

27 - Sport

ს	წ	პ	ც	ც	თ	ტ	შ	მ	დ	ი	ე	ტ	ა
მ	პ	ა	ქ	ე	ი	ჰ	რ	ე	წ	პ	ძ	ს	უ
წ	გ	ო	ს	ღ	კ	Ო	ი	ტ	ძ	ზ	ბ	გ	ჰ
ვ	ა	ძ	რ	ლ	Ი	ვ	ნ	ა	მ	ა	შ	უ	ვ
რ	ჭ	ა	ა	ტ	პ	Ი	ა	ბ	ი	ღ	ლ	ა	შ
თ	ი	მ	შ	Ი	ი	ა	ზ	ო	ლ	ე	ვ	ა	ი
ნ	მ	ა	ა	ო	რ	კ	ი	ლ	უ	ჰ	ღ	ბ	ვ
ე	ვ	რ	შ	ზ	ა	ლ	მ	უ	ე	ო	წ	ნ	კ
ლ	ა	გ	ა	ძ	ნ	ჰ	უ	რ	ხ	შ	ქ	პ	ვ
ი	ქ	ო	პ	მ	უ	ფ	უ	ი	ს	ჯ	ძ	რ	ე
ს	ი	რ	ბ	ი	ლ	ი	ბ	ე	თ	ნ	უ	კ	ბ
ჭ	წ	პ	ძ	ვ	ლ	ე	ბ	ი	ჭ	ლ	ღ	ყ	ა
მ	ა	ქ	ს	ი	მ	ა	ლ	უ	რ	ა	დ	ჟ	ძ
ვ	ა	Თ	გ	ა	მ	ძ	ლ	ე	ო	ბ	ა	ფ	ს

უნარი
სხეული
ძვლები
მწვრთნელი
ველო
ცეკვა
დიეტა
გამძლეობა
მიზანი
სირბილი
მაქსიმალურად
მეტაბოლური
კუნთები
კვება
პროგრამა
სპორტი
ძალა
გაჭიმვა

28 - Restaurant #2

ი	თ	ა	ლ	ა	ს	ნ	ო	ო	რ	ც	ზ	ბ	ს
ქ	ა	ფ	ს	შ	ა	ყ	კ	ნ	ძ	კ	ი	ო	ა
წ	მ	ყ	ლ	ღ	ს	ყ	ი	ჩ	ნ	ა	ლ	ს	ნ
თ	კ	ჰ	ჩ	ყ	მ	ბ	ლ	ნ	წ	ვ	ჰ	ტ	ე
კ	ო	ვ	ზ	ი	ე	ძ	ა	ი	უ	ი	ჭ	ნ	ლ
ტ	რ	შ	ძ	წ	ლ	ხ	გ	მ	ხ	ლ	ღ	ე	ე
ო	თ	კ	ყ	შ	ი	ი	ნ	ა	ი	ი	ი	უ	ბ
რ	ე	კ	ე	გ	ვ	ლ	ა	შ	ლ	რ	ნ	ლ	ლ
ტ	ვ	ს	მ	შ	ჩ	ე	ჩ	ხ	ი	ა	ა	ი	ე
ი	ზ	ს	კ	ა	მ	ი	ნ	ა	ტ	მ	ი	მ	ბ
ა	ი	ბ	ე	ხ	ც	რ	ე	ვ	კ	ჰ	ნ	ტ	ი
წ	ყ	ა	ლ	ი	ბ	მ	ძ	წ	ხ	წ	ვ	ბ	ჩ
უ	უ	ო	ზ	ო	ნ	ე	ო	შ	თ	რ	წ	ჰ	მ
ქ	ფ	მ	ა	კ	ზ	გ	შ	თ	ო	ო	ე	ნ	ვ

სასმელი
ტორტი
სკამი
გემრიელი
ვახშამი
კვერცხები
თევზი
ჩანგალი
ხილი
ყინული
ლანჩი
სალათი
მარილი
წვნიანი
სანელებლები
კოვზი
ბოსტნეული
მიმტანი
წყალი

29 - Geology

მ	ს	ტ	ა	ლ	ა	ქ	ტ	ი	ტ	ი	ჟ	ზ	კ
ი	წ	ვ	შ	მ	ი	წ	ი	ს	ძ	ვ	რ	ა	ა
ნ	მ	უ	თ	ა	რ	ლ	კ	ი	რ	წ	უ	ვ	ლ
ე	ა	ლ	წ	ნ	ე	რ	ი	ც	ე	წ	ძ	ქ	ც
რ	რ	კ	ღ	ზ	ზ	ფ	ხ	რ	ბ	მ	ე	ლ	ი
ა	ჯ	ა	ი	ზ	ი	ო	რ	ა	ა	ლ	რ	ა	უ
ლ	ა	ნ	ა	ო	ე	ა	ა	ვ	ი	მ	ო	მ	მ
ე	ნ	ი	მ	ჯ	გ	ყ	მ	კ	ხ	ლ	ზ	ს	ი
ბ	ი	ფ	ე	ნ	ა	რ	ა	მ	ტ	თ	ი	გ	ბ
ი	შ	ო	ვ	ლ	ო	ზ	ნ	ს	ჟ	ჯ	ა	ჩ	ე
კ	ო	ნ	ტ	ი	ნ	ე	ნ	ტ	ი	ა	ვ	ა	ლ
მ	კ	ც	წ	ა	ნ	რ	ე	ვ	კ	ო	ვ	ს	კ
უ	პ	ი	ბ	ე	ლ	ა	ტ	ს	ი	რ	კ	ა	ი
რ	ა	ვ	კ	ჩ	რ	პ	რ	ჭ	ქ	ქ	ღ	ლ	ც

მჟავა
კალციუმი
კვერნა
კონტინენტი
მარჯანი
კრისტალები
ციკლები
მიწისძვრა
ეროზია
ნამარხი
გეიზერი
ლავა
ფენა
მინერალები
პლატო
კვარცი
მარილი
სტალაქტიტი
ქვა
ვულკანი

30 - House

გ	ი	პ	ბ	ჭ	ა	ა	ი	ბ	ე	დ	რ	ა	ფ
ა	ხ	ვ	ლ	ა	ხ	ვ	ნ	უ	ზ	ო	რ	ყ	ხ
ს	ზ	დ	ძ	რ	ლ	თ	ე	კ	რ	ა	ს	ვ	ბ
ა	უ	ი	ტ	ა	ჩ	ი	ვ	ჯ	უ	ფ	ფ	ლ	ყ
ლ	ზ	ვ	ჟ	ჯ	ო	რ	ხ	ბ	ი	ხ	ა	თ	ო
ე	ლ	ა	ც	ნ	რ	ა	ს	კ	ე	დ	ე	ლ	ი
ბ	ქ	რ	წ	ა	ა	კ	ა	შ	რ	პ	ბ	ი	ჭ
ე	კ	უ	თ	ფ	ც	ყ	ჰ	წ	ხ	შ	ო	რ	ძ
ბ	ი	ხ	ე	რ	ა	ფ	ო	ტ	ვ	ა	ლ	ს	ნ
ი	რ	ა	ხ	უ	ბ	ხ	ო	ა	ი	ბ	პ	თ	ა
ო	რ	ს	ლ	პ	ი	ხ	ძ	შ	შ	ქ	ც	ი	თ
მ	ჭ	ც	ო	ც	ხ	ი	ლ	უ	თ	რ	ა	ს	უ
ბ	ი	ბ	ლ	ი	ო	თ	ე	კ	ა	თ	ხ	უ	რ
ს	ა	მ	ზ	ა	რ	ე	უ	ლ	ო	ო	ც	ი	ა

სხვენი
ცოცხი
ფარდები
კარი
ღობე
ბუხარი
სართული
ავეჯი
ავტოფარეხი
ბაღი
გასაღებები
სამზარეულო
ნათურა
ბიბლიოთეკა
სარკე
სახურავი
ოთახი
შხაპი
კედელი
ფანჯარა

31 - Physics

ნ	გ	ქ	ი	მ	ი	უ	რ	ი	ყ	კ	რ	ფ	კ
ჭ	ძ	ა	კ	ი	ნ	ა	ქ	ე	მ	ლ	კ	ა	უ
შ	რ	ჯ	ფ	მ	ო	ლ	ე	კ	უ	ლ	ა	რ	ნ
ხ	ა	ბ	წ	ა	ბ	ე	რ	ა	ქ	ჩ	ა	დ	ი
ი	ვ	მ	ჭ	ძ	რ	ქ	ა	ო	ს	ი	ლ	ო	ვ
მ	ა	ი	ლ	უ	ვ	თ	რ	ი	ბ	ზ	უ	ბ	ე
ზ	ა	ო	ს	ნ	ს	კ	ო	რ	ტ	დ	მ	ი	რ
ი	რ	ს	ტ	ა	ი	კ	ზ	ე	ჭ	ბ	რ	თ	ს
ტ	შ	ბ	ა	წ	ჩ	მ	ლ	რ	ბ	ი	ო	ო	ა
ი	ყ	რ	გ	ი	ქ	თ	ს	ი	ა	ა	ფ	ბ	ლ
ნ	ე	თ	ო	ლ	ა	ძ	ბ	შ	ო	ტ	ძ	ა	უ
გ	ყ	უ	ლ	ა	რ	კ	ყ	ხ	ჭ	ნ	ო	ზ	რ
ა	ც	მ	თ	კ	ე	გ	ყ	ი	ყ	ლ	ნ	მ	ი
მ	ლ	ა	ა	ი	შ	ყ	შ	ს	გ	ა	ზ	ი	ი

აჩქარება
ატომი
ქაოსი
ქიმიური
ძრავა
გაფართოება
ფორმულა
სიხშირე
გაზი
მაგნიტიზმი
მასა
მექანიკა
მოლეკულა
ბირთვული
ნაწილაკი
ფარდობითობა
უნივერსალური
სიჩქარე

32 - Coffee

ძ	ი	ნ	ი	ე	ფ	ო	კ	ს	ს	რ	Ი	ღ	ე
თ	დ	Თ	კ	ფ	ნ	დ	ი	ლ	ა	გ	ე	ჟ	შ
თ	ა	ო	ნ	ხ	ი	ტ	ა	მ	ო	რ	ა	წ	დ
ს	ვ	ს	ხ	მ	რ	გ	ა	ხ	ე	ხ	ე	თ	კ
წ	ე	პ	ი	რ	ა	ვ	წ	მ	ე	შ	ვ	ო	რ
ჟ	ხ	ე	ლ	ვ	ქ	უ	დ	ძ	მ	Ყ	ა	Თ	ე
ფ	თ	Თ	ა	ჰ	ა	ჟ	ჯ	ო	ტ	Ყ	ჟ	ტ	მ
უ	ა	ჩ	ყ	ყ	შ	შ	ს	დ	უ	ყ	მ	ს	ი
ა	ფ	ს	წ	ა	რ	მ	ო	შ	ო	ბ	ა	ფ	შ
რ	ი	შ	ი	ჯ	ი	შ	ი	ლ	ე	მ	ს	ა	ს
ძ	ლ	რ	ე	ჩ	ლ	ა	ლ	ღ	მ	წ	ა	რ	ე
ე	ტ	ზ	ხ	ტ	Ი	თ	მ	ნ	ბ	ჭ	ც	წ	ე
უ	რ	ს	შ	დ	Ი	ე	ი	ჩ	ლ	ს	Ყ	ბ	გ
Თ	ი	ქ	ხ	შ	Ყ	ს	ყ	Ო	ჰ	ა	ჟ	Ო	კ

მჟავე
სასმელი
მწარე
შავი
კოფეინი
კრემი
თასი
ფილტრი
არომატი
გახეხეთ
თხევადი
რძე
დილა
წარმოშობა
ფასი
შემწვარი
შაქარი
ჯიში
წყალი

33 - Colors

ვ	ი	ი	ს	ფ	ე	რ	ი	ხ	ე	პ	ჩ	ჟ	კ
ჟ	ა	ყ	ვ	ი	თ	ე	ლ	ი	ნ	თ	ყ	ო	რ
ძ	ი	რ	ე	ფ	ს	ი	რ	ც	ა	ნ	წ	ლ	ე
ღ	რ	მ	დ	ხ	უ	ჯ	ვ	ძ	ვ	ლ	ვ	ო	მ
ს	თ	ტ	ა	ი	ლ	ე	თ	ი	წ	ჰ	ფ	ს	ი
ფ	ე	ხ	ლ	გ	ს	შ	ბ	ო	მ	დ	უ	ფ	ს
მ	თ	ფ	უ	ძ	ე	ფ	უ	ს	ძ	ბ	ჩ	ე	ფ
ე	ი	ზ	ი	ვ	ა	ნ	ე	თ	რ	ხ	ს	რ	ე
წ	ნ	ო	ჯ	ა	პ	ნ	ტ	რ	მ	ვ	ი	ი	რ
ა	დ	რ	ღ	რ	დ	უ	ლ	ა	ი	ვ	ა	შ	ი
მ	ი	რ	ე	ფ	ს	ი	ტ	ხ	უ	მ	რ	უ	ზ
უ	გ	ღ	ჩ	ც	ი	ა	ნ	ი	ჯ	რ	უ	ლ	ც
ლ	ო	ყ	ა	ვ	ი	ს	ფ	ე	რ	ი	ფ	ძ	წ
ი	ლ	ა	ხ	ო	თ	რ	ო	ფ	ე	ქ	ღ	ც	ქ

ზურმუხტისფერი
კრემისფერი
შავი
ლურჯი
ყავისფერი
ჟოლოსფერი
ციანი
ფუჩსია
მწვანე
ნაცრისფერი
ინდიგო
მაგენტა
ფორთოხალი
ვარდისფერი
მეწამული
წითელი
სეფია
იისფერი
თეთრი
ყვითელი

34 - Shapes

Ვ	ხ	ხ	Ყ	ჭ	ჭ	ვ	ჩ	Ი	მ	ტ	ლ	მ	ჰ
ს	Ლ	ჩ	დ	ღ	წ	პ	ნ	Ლ	ო	ვ	მ	ო	ი
მ	მ	რ	უ	დ	ი	მ	ზ	ი	რ	პ	შ	ე	პ
ყ	მ	ა	რ	თ	კ	უ	თ	ხ	ე	დ	ი	დ	ე
ა	ა	ჯ	ხ	ა	ზ	ი	Ვ	კ	რ	ი	ლ	ა	რ
ო	ვ	ა	ლ	უ	რ	ი	ე	ძ	წ	ბ	ა	ნ	ბ
რ	მ	დ	ფ	Ა	Ვ	ს	რ	ბ	ო	ე	კ	ი	ო
ე	ლ	ი	კ	ტ	Ლ	ფ	ა	დ	ჟ	ე	რ	Ო	ლ
ფ	Ა	მ	კ	Თ	ც	ი	ხ	ძ	ნ	დ	შ	ზ	ა
ს	Თ	ა	კ	უ	ი	ლ	მ	შ	ფ	ი	წ	ზ	ი
ყ	შ	რ	ი	ჩ	ბ	ე	ხ	თ	უ	კ	ლ	რ	Ვ
ლ	Ა	ი	შ	ს	ი	ი	ს	უ	ნ	ო	კ	ი	Უ
ხ	ჟ	პ	პ	ო	ლ	ი	გ	ო	ნ	ი	Ლ	ვ	ც
ს	ა	მ	კ	უ	თ	ხ	ე	დ	ი	Უ	მ	ლ	შ

რკალი
წრე
კონუსი
კუთხე
კუბი
მრუდი
ცილინდრი
კიდეები
ელიფსი
ჰიპერბოლა

ხაზი
ოვალური
პოლიგონი
პრიზმი
პირამიდა
მართკუთხედი
მხარე
სფერო
მოედანი
სამკუთხედი

35 - Scientific Disciplines

ნ	ბ	უ	პ	ბ	ე	კ	ო	ლ	ო	გ	ი	ა	ძ
ა	ე	ა	ჯ	ა	ი	გ	ო	ლ	ო	ქ	ი	ს	ფ
რ	ე	ვ	ა	ი	გ	ო	ლ	ა	რ	ე	ნ	ი	მ
ქ	ჟ	რ	რ	გ	ხ	ა	ქ	მ	ო	ი	ხ	ჩ	ც
ე	ხ	ლ	ე	ო	ყ	ა	კ	ი	ნ	ა	ტ	ო	ბ
ო	შ	მ	ნ	ლ	ლ	წ	ს	ბ	მ	ა	ა	კ	პ
ლ	ა	ი	გ	ო	ლ	ო	ი	ბ	ხ	ი	ყ	კ	ბ
ო	ღ	უ	კ	ი	პ	ჭ	გ	ბ	ი	ზ	ა	ი	პ
გ	ზ	შ	ბ	ც	უ	ღ	ა	ი	ყ	ა	ლ	წ	კ
ი	ა	ი	მ	ო	ტ	ა	ნ	ა	ა	ჩ	ძ	პ	კ
ა	ლ	ე	ჟ	ს	ბ	მ	ე	ქ	ა	ნ	ი	კ	ა
თ	ე	რ	მ	ო	დ	ი	ნ	ა	მ	ი	კ	ა	ც
ძ	ს	ძ	ფ	ი	ზ	ი	ო	ლ	ო	გ	ი	ა	ნ
გ	ე	ო	ლ	ო	გ	ი	ა	ქ	ი	მ	ი	ა	ს

ანატომია
არქეოლოგია
ბიოქიმია
ბიოლოგია
ბოტანიკა
ქიმია
ეკოლოგია
გეოლოგია
მექანიკა
მინერალოგია
ნევროლოგია
ფიზიოლოგია
ფსიქოლოგია
სოციოლოგია
თერმოდინამიკა

36 - Science

ს	ტ	ლ	ა	ბ	ე	ნ	უ	ბ	უ	მ	ნ	ყ	ნ
უ	ტ	დ	გ	ი	ბ	ე	კ	ა	ლ	ი	წ	ა	ნ
მ	ჯ	ა	უ	ტ	ც	რ	კ	ა	ი	ნ	ჰ	ე	ი
შ	ე	ჰ	შ	ქ	ჯ	უ	წ	გ	ჰ	ე	ი	ქ	მ
ბ	ს	თ	ა	ა	ძ	ნ	ლ	ყ	ო	რ	პ	ს	ო
ს	ი	რ	ო	ფ	შ	ს	კ	ო	რ	ა	ო	პ	ნ
ფ	მ	წ	რ	დ	ე	ს	ა	უ	ვ	ლ	თ	ე	ა
ს	ი	მ	შ	უ	ი	ძ	თ	ს	ყ	ე	ე	რ	ც
ბ	ძ	ზ	კ	ლ	ი	მ	ა	ტ	ი	ბ	ზ	ი	ე
ი	მ	ჟ	ი	ხ	რ	ა	მ	ა	ნ	ი	ა	მ	მ
ლ	ი	ლ	ა	კ	ზ	ხ	ვ	უ	კ	ბ	ჭ	ე	ე
დ	ს	ლ	ც	ს	ა	შ	ყ	თ	ხ	ჯ	ჟ	ნ	ბ
რ	ც	მ	ც	ე	ნ	ა	რ	ე	ე	ბ	ი	ტ	ი
ა	ტ	ო	მ	ი	რ	უ	ი	მ	ი	ქ	ბ	ი	ქ

ატომი
ქიმიური
კლიმატი
მონაცემები
ევოლუცია
ექსპერიმენტი
ფაქტი
ნამარხი
სიმძიმის
ჰიპოთეზა
მეთოდი
მინერალები
ბუნება
ნაწილაკები
ფიზიკა
მცენარეები

37 - Beauty

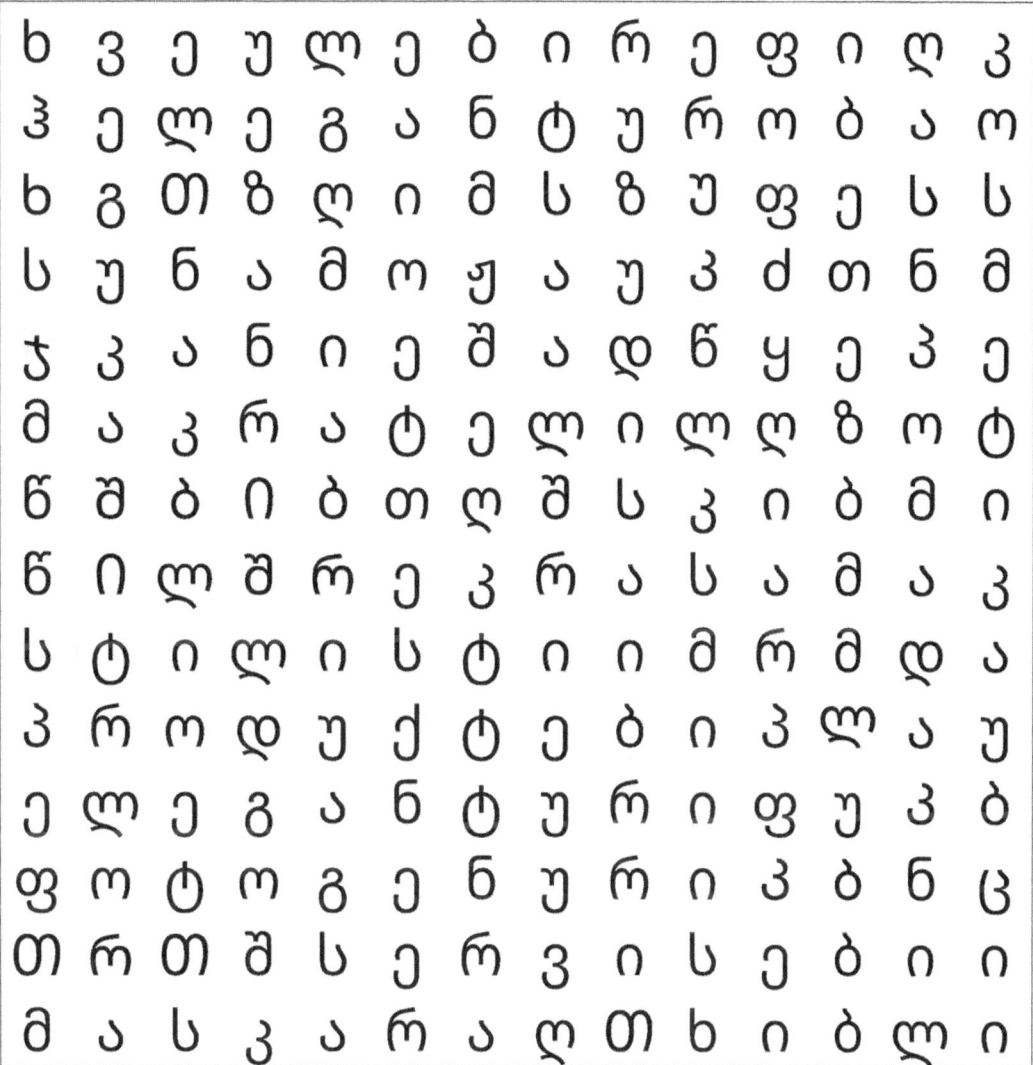

ხ	ვ	ე	უ	ლ	ე	ბ	ი	რ	ე	ფ	ი	ღ	კ
ჰ	ე	ლ	ე	გ	ა	ნ	ტ	უ	რ	ო	ბ	ა	ო
ხ	გ	თ	ზ	ღ	ი	მ	ს	ზ	უ	ფ	ე	ს	ს
ს	უ	ნ	ა	მ	ო	ჟ	ა	უ	პ	ძ	თ	ნ	მ
ჭ	კ	ა	ნ	ი	ე	შ	ა	დ	წ	ყ	ე	პ	ე
მ	ა	კ	რ	ა	ტ	ე	ლ	ი	ლ	ღ	ზ	ო	ტ
წ	შ	ბ	ი	ბ	თ	ღ	შ	ს	კ	ი	ბ	მ	ი
წ	ი	ლ	შ	რ	ე	კ	რ	ა	ს	ა	მ	ა	კ
ს	ტ	ი	ლ	ი	ს	ტ	ი	ი	მ	რ	მ	დ	ა
პ	რ	ო	დ	უ	ქ	ტ	ე	ბ	ი	პ	ლ	ა	უ
ე	ლ	ე	გ	ა	ნ	ტ	უ	რ	ი	ფ	უ	პ	ბ
ფ	ო	ტ	ო	გ	ე	ნ	უ	რ	ი	პ	ბ	ნ	ც
თ	რ	თ	შ	ს	ე	რ	ვ	ი	ს	ე	ბ	ი	ი
მ	ა	ს	კ	ა	რ	ა	ღ	თ	ხ	ი	ბ	ლ	ი

ხიბლი
ფერი
კოსმეტიკა
ხვეულები
ელეგანტურობა
ელეგანტური
სუნამო
მადლი
პომადა
მაკიაჟი
მასკარა
სარკე
ზეთები
ფოტოგენური
პროდუქტები
მაკრატელი
სერვისები
შამპუნი
კანი
სტილისტი

38 - Clothes

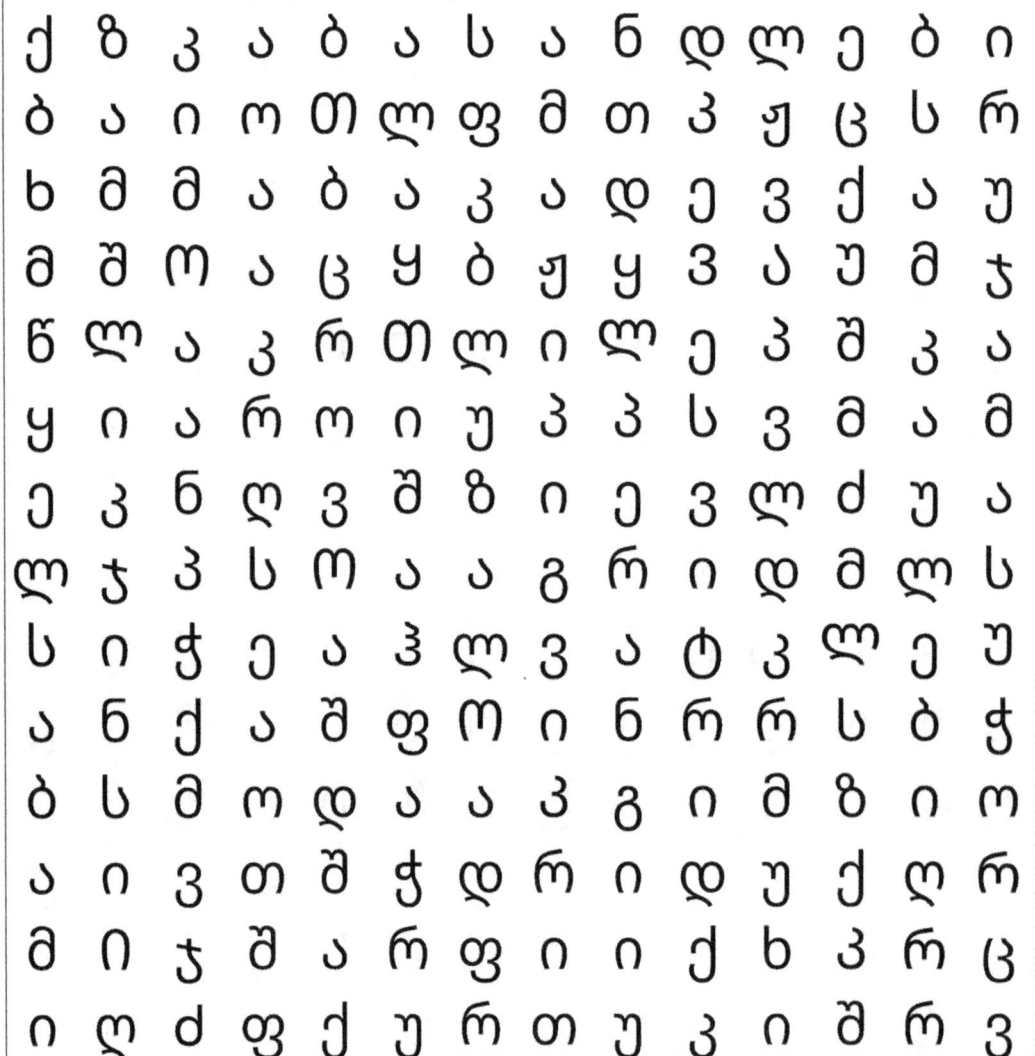

ქ	ზ	კ	ა	ბ	ა	ს	ა	ნ	დ	ლ	ე	ბ	ი
ბ	ა	ი	ო	ჩ	ლ	ფ	მ	თ	პ	ჟ	ც	ს	რ
ხ	მ	მ	ა	ბ	ა	კ	ა	დ	ე	ვ	ქ	ა	უ
მ	შ	ჩ	ა	ც	ყ	ბ	ჟ	ყ	ვ	ა	უ	მ	ჯ
წ	ლ	ა	კ	რ	ჩ	ლ	ი	ლ	ე	პ	შ	კ	ა
ყ	ი	ა	რ	ო	ი	უ	პ	პ	ს	ვ	მ	ა	მ
ე	კ	ნ	დ	ვ	შ	ზ	ი	ე	ვ	ლ	ძ	უ	ა
ლ	ჯ	პ	ს	ჩ	ა	ა	გ	რ	ი	დ	მ	ლ	ს
ს	ი	ჭ	ე	ა	ჰ	ლ	ვ	ა	ტ	კ	ლ	ე	უ
ა	ნ	ქ	ა	შ	ფ	ჩ	ი	ნ	რ	რ	ს	ბ	ჭ
ბ	ს	მ	ო	დ	ა	ა	პ	გ	ი	მ	ზ	ი	ო
ა	ი	ვ	თ	შ	ჭ	დ	რ	ი	დ	უ	ქ	დ	რ
მ	ი	ჯ	შ	ა	რ	ფ	ი	ი	ქ	ხ	პ	რ	ც
ი	დ	ძ	ფ	ქ	უ	რ	თ	უ	კ	ი	შ	რ	ვ

წინსაფარი
ქამარი
ბლუზა
სამაჯური
კაბა
მოდა
ქუდი
ქურთუკი
ჯინსი

სამკაულები
ყელსაბამი
პიჟამა
შარვალი
სანდლები
შარფი
პერანგი
ქვედაკაბა
სვიტრი

39 - Insects

ჭ	ჭ	ი	ა	ნ	ჭ	ვ	ე	ლ	ა	ა	ო	ტ	ჟ
რ	ფ	უ	ტ	კ	ა	რ	ი	ტ	ი	მ	რ	ე	ტ
ი	დ	მ	დ	ჩ	ლ	მ	პ	ჩ	ჭ	ჯ	ე	ა	შ
ჭ	წ	წ	რ	პ	ე	ა	ც	ი	კ	ა	დ	ა	ღ
ი	მ	ძ	ი	ძ	პ	ნ	მ	ჟ	ნ	ი	ტ	პ	დ
ნ	პ	ლ	გ	ზ	ე	ტ	ბ	ჯ	ჰ	ნ	კ	ლ	ჟ
ა	ზ	ო	უ	ჩ	პ	ი	ხ	ა	ლ	ა	ბ	ლ	ვ
კ	ფ	მ	ბ	კ	ო	ს	ო	ლ	ო	კ	ე	პ	შ
რ	წ	ყ	ი	ლ	ი	ი	ჭ	ქ	ს	ა	კ	ქ	ჰ
ხ	მ	რ	დ	პ	ჩ	ზ	ო	ძ	ა	რ	ლ	წ	კ
ა	დ	ა	ე	რ	ს	ი	ვ	თ	გ	ა	ვ	ბ	ლ
შ	თ	პ	ლ	შ	მ	ა	ყ	ვ	ნ	ტ	ძ	შ	ტ
ლ	ა	რ	ვ	ა	ლ	გ	ვ	რ	ა	ი	ლ	ა	კ
წ	ძ	ა	ფ	ი	დ	ი	ყ	ჰ	ტ	ღ	შ	წ	ბ

ჭიანჭველა
აფიდი
ფუტკარი
ხოჭო
პეპელა
ციკადა
ტარაკანი
ჭრიჭინა
რწყილი
გნატ
ბალახი
ლედიბუგი
ლარვა
კალია
მანტისი
კოლო
თვის
ტერმიტი
ვასპი
ჭია

40 - Astronomy

რ	ა	დ	ი	ა	ც	ი	ა	ტ	ე	ნ	ა	ლ	პ
ო	ბ	ც	დ	მ	ზ	ი	ს	ლ	კ	მ	ო	ა	ს
ბ	ო	რ	ც	ა	წ	ი	მ	ა	დ	ე	დ	ს	უ
ს	ი	ა	მ	ფ	ბ	ო	ვ	ი	ძ	ტ	ს	ტ	პ
ე	ნ	კ	დ	შ	ო	ნ	დ	ტ	ხ	ე	გ	რ	ე
რ	უ	ე	ყ	ხ	ე	ქ	ე	ი	წ	ო	ფ	ო	რ
ვ	ბ	ტ	ც	ა	ი	წ	ყ	ლ	ბ	რ	კ	ნ	ნ
ა	ბ	ა	ლ	ძ	თ	მ	ო	ე	ე	ი	ხ	ა	ო
ტ	მ	თ	ვ	ა	რ	ე	მ	ტ	ტ	ბ	ვ	ვ	ვ
ო	კ	ო	ს	მ	ო	ს	ი	ა	რ	შ	ა	ტ	ა
რ	ვ	ძ	ი	ლ	უ	ე	ლ	ს	ი	ნ	ზ	ი	ბ
ი	გ	ა	ლ	ა	ქ	ტ	ი	კ	ა	უ	ვ	ღ	უ
ა	ო	ბ	ა	ს	ტ	რ	ო	ნ	ო	მ	ი	ც	უ
ო	ნ	დ	ა	ს	ტ	ე	რ	ო	ი	დ	ი	კ	მ

ასტეროიდი
ასტრონავტი
ასტრონომი
კოსმოსი
დედამიწა
დაბნელება
ბუნიობა
გალაქტიკა
მეტეორი
მთვარე
ნისლეული
ობსერვატორია
პლანეტა
რადიაცია
რაკეტა
სატელიტი
ცა
მზის
სუპერნოვა

41 - Health and Wellness #2

ს	ც	ს	ლ	უ	ფ	Თ	მ	ს	ჯ	ჩ	ღ	ბ	ვ
ყ	ა	ბ	ე	ვ	კ	წ	ლ	ა	ტ	ე	ი	დ	ი
ლ	ე	ა	მ	ი	ლ	ხ	ს	ი	ს	ლ	ჟ	ყ	ტ
ხ	პ	ჩ	ვ	ი	ს	ს	წ	გ	ა	ა	ყ	უ	ა
ვ	Თ	თ	პ	ა	ჯ	ო	ო	რ	თ	ნ	ჟ	ა	მ
მ	ა	დ	ა	Ი	დ	ჭ	ნ	ე	პ	ე	ე	ი	ი
ჭ	ლ	ო	ბ	Უ	ა	მ	ა	ლ	რ	ი	ნ	ც	ნ
ს	ტ	რ	ე	ს	ი	ღ	ყ	ა	ლ	გ	ე	ქ	ი
ო	ყ	ძ	დ	ა	მ	წ	დ	ო	კ	ი	რ	ე	თ
ღ	მ	ბ	ა	ბ	ო	რ	Უ	გ	ფ	ჰ	გ	ფ	ჯ
ქ	შ	ფ	ვ	ო	ტ	ხ	Უ	პ	ე	ო	ი	ნ	პ
ჯ	Ო	ძ	ა	ჰ	ა	წ	შ	ი	ვ	ნ	ა	ი	ს
ზ	ი	ღ	ა	ს	ნ	ა	ჯ	ს	ე	ჟ	ა	ს	უ
შ	ბ	შ	დ	ნ	ა	გ	ე	ნ	ე	ტ	ი	კ	ა

ალერგია
ანატომია
მადა
სისხლი
დიეტა
დაავადება
ენერგია
გენეტიკა
ჯანსალი
საავადმყოფო
ჰიგიენა
ინფექცია
მასაჟი
კვება
აღდგენა
სტრესი
ვიტამინი
წონა

42 - Time

კ	ა	ლ	ე	ნ	დ	ა	რ	ი	რ	უ	ი	ლ	წ
ღ	რ	Უ	ვ	ღ	წ	ლ	ღ	ჭ	ძ	ბ	შ	მ	წ
ხ	ი	წ	თ	რ	დ	ი	ა	ა	წ	ძ	უ	ო	ე
Ი	ვ	ბ	უ	მ	ქ	დ	დ	ვ	მ	ო	ა	მ	ლ
ხ	კ	ა	Ა	თ	ყ	შ	რ	დ	Პ	ე	დ	ა	ი
ჭ	ხ	თ	ხ	ჟ	ი	მ	ე	ღ	ძ	ლ	ღ	ვ	Ყ
Თ	ვ	წ	კ	ზ	თ	ა	ნ	ე	ზ	ა	ე	ა	Უ
ო	ძ	ლ	შ	ო	ა	ც	უ	ს	ც	მ	უ	ლ	ს
ს	დ	ე	ჩ	ზ	ა	წ	კ	რ	შ	მ	თ	ი	ძ
ნ	ნ	უ	ლ	ყ	ს	ხ	უ	ლ	Ლ	კ	კ	Ვ	გ
შ	ი	ლ	უ	ე	რ	დ	ა	ლ	ხ	ა	ბ	კ	ო
ბ	შ	ი	მ	ძ	ბ	Ა	ს	Კ	შ	Ვ	Ვ	Ო	ბ
კ	Უ	Ვ	ბ	ფ	ყ	Ა	ე	Ო	ჩ	რ	ტ	ბ	Ი
ჰ	გ	ქ	Ა	მ	ჟ	შ	წ	Ა	რ	Თ	Ი	ლ	ხ

წლიური
ადრე
კალენდარი
საუკუნე
საათი
დღე
ათწლეული
ადრეული
მომავალი
წუთი
თვე
დილა
ღამე
შუადღე
ახლა
მალე
დღეს
კვირა
წელი
გუშინ

43 - Buildings

ო	ს	ს	ჰ	ქ	ა	რ	ხ	ა	ნ	ა	წ	ს	ი
ბ	ა	ა	ლ	ო	კ	ს	წ	ი	წ	ლ	უ	ტ	თ
ს	ს	ე	ლ	წ	ს	ჭ	დ	შ	კ	რ	ი	ა	ე
ე	ტ	ლ	ა	ო	გ	ტ	ძ	ნ	უ	ო	ტ	დ	ა
რ	უ	ჩ	ბ	ო	რ	ყ	ე	ო	წ	ფ	ე	ი	ტ
ვ	მ	ო	ო	მ	თ	ყ	ხ	ლ	ლ	ო	კ	ო	რ
ა	რ	ნ	რ	უ	ფ	ჰ	პ	ა	ი	ყ	რ	ნ	ი
ტ	ო	ი	ა	ზ	რ	რ	უ	ს	ქ	მ	ა	ი	ა
ო	თ	კ	ტ	ე	ჩ	ე	ძ	ბ	ბ	დ	მ	ღ	ჩ
რ	ლ	ვ	ო	უ	ც	მ	ი	შ	კ	ა	რ	ვ	ა
ი	ქ	ი	რ	მ	ი	კ	შ	ო	კ	ვ	ე	ვ	ძ
ა	ი	ა	ი	ი	ხ	ბ	ი	ნ	ა	ა	პ	ვ	ი
ტ	პ	შ	ა	მ	ე	ჟ	ქ	უ	ღ	ა	უ	ვ	ჭ
ბ	ე	ღ	ე	ლ	ი	ბ	შ	ი	ყ	ს	ს	დ	ი

ბინა
ბეღელი
სალონში
ციხე
კინო
საელჩო
ქარხანა
საავადმყოფო
ჰოსტელი
სასტუმრო
ლაბორატორია
მუზეუმი
ობსერვატორია
სკოლა
სტადიონი
სუპერმარკეტი
კარვა
თეატრი
კოშკი

44 - Philanthropy

ფ	ი	ნ	ა	ნ	ს	ე	ბ	ი	ჯ	წ	წ	გ	ვ
ბ	ა	ვ	შ	ვ	ე	ბ	ი	ყ	გ	ა	ფ	ა	შ
ს	ვ	ი	ჯ	ხ	ა	კ	მ	ძ	უ	პ	ა	მ	ზ
ხ	ა	ყ	რ	ა	ა	ლ	ც	კ	ფ	ო	პ	ო	ც
უ	ქ	ჯ	პ	ო	დ	ლ	წ	უ	ე	ი	ა	წ	რ
პ	წ	ვ	ა	ლ	ტ	კ	ხ	ყ	ბ	ბ	ტ	ვ	პ
მ	ყ	გ	ვ	რ	ი	ს	ე	ი	ი	ე	ი	ე	მ
ვ	ჭ	ჩ	კ	ტ	ო	ყ	ი	ხ	ჯ	რ	ო	ვ	ი
ს	ი	კ	ე	თ	ი	ს	თ	ვ	ი	ს	ს	ე	ზ
გ	ლ	ო	ბ	ა	ლ	უ	რ	ი	მ	ხ	ნ	ბ	ნ
რ	ე	ყ	ჯ	შ	გ	ზ	ბ	ო	ი	ა	ე	ი	ე
ი	მ	წ	ბ	უ	ძ	ა	ჯ	ლ	ს	ს	ბ	ზ	ბ
ლ	ა	უ	კ	ჯ	ა	ა	ო	რ	ი	ჭ	ა	ს	ი
მ	ა	ბ	ო	ი	რ	ბ	ო	ც	ა	კ	ჯ	შ	ო

გამოწვევები
ბავშვები
ფინანსები
სახსრები
სიკეთისთვის
გლობალური
მიზნები
ჯგუფები
ისტორია
პატიოსნება
კაცობრიობა
მისია
საჭიროა
ხალხი
საჯარო

45 - Gardening

ყ	ფ	ლ	ყ	ს	ა	კ	ვ	ე	ბ	ი	თ	ბ	ფ
ს	ვ	რ	ღ	ვ	კ	ლ	ი	მ	ა	ტ	ი	ო	ო
ა	ნ	ა	ყ	ჭ	ა	ყ	ვ	პ	ი	ე	ლ	ტ	თ
ხ	ი	პ	ვ	წ	Ი	ვ	პ	მ	რ	კ	ს	ა	ლ
ე	ა	ო	წ	ი	ი	ი	ი	ღ	უ	უ	ე	ნ	ე
ო	დ	მ	მ	ნ	ლ	რ	შ	ლ	ნ	ბ	თ	ი	ბ
ბ	ა	უ	ყ	ა	ო	ე	ბ	ძ	ო	ბ	ტ	კ	ი
ე	გ	წ	მ	ი	თ	ნ	ბ	ა	ზ	ბ	Ო	უ	ტ
ბ	ი	ყ	Თ	ყ	ო	ი	ი	ი	ე	ზ	ა	რ	ს
ი	შ	ა	ა	ქ	ფ	ე	ს	გ	ს	ბ	ყ	ი	ო
Ვ	ე	ლ	უ	უ	ძ	ტ	Ი	Ი	ნ	Ი	კ	ყ	პ
Ა	ა	ი	ლ	ქ	ძ	ნ	წ	Ჩ	ბ	ა	ღ	ი	მ
ტ	ე	ნ	ი	ა	ნ	ო	ბ	ა	ბ	Ა	ლ	პ	ო
ე	გ	ზ	ო	ტ	ი	კ	უ	რ	ი	Ა	ე	შ	კ

ყვავილობა
ბოტანიკური
ბუკეტი
კლიმატი
კომპოსტი
კონტეინერი
ჭუჭყიანი
საკვები
ეგზოტიკური
ყვავილების

ფოთლები
შლანგი
ფოთოლი
ტენიანობა
ბაღი
სეზონური
თესლი
ნიადაგი
სახეობები
წყალი

46 - Herbalism

ა	ყ	ჰ	ც	ე	რ	ე	ც	ო	ს	ა	ჩ	კ	კ
რ	ვ	ო	რ	ე	გ	ა	ნ	ო	ბ	ჭ	ფ	ა	უ
ო	ა	ზ	ა	ნ	ა	რ	ფ	ა	ზ	ე	წ	დ	ლ
მ	ვ	გ	ი	ტ	ნ	ე	ი	დ	ე	რ	გ	ნ	ი
ა	ი	ბ	ო	ნ	ტ	ი	ლ	ჭ	ნ	ა	ბ	ა	ნ
ტ	ლ	ა	უ	ვ	ი	ბ	უ	მ	ა	ნ	ა	ვ	ა
ი	ი	ღ	ჟ	რ	პ	რ	ტ	გ	ვ	ე	ს	ა	რ
ნ	დ	ი	მ	ჭ	ლ	ზ	ა	გ	წ	ც	ი	ლ	ი
პ	ი	ზ	წ	ე	თ	ჯ	მ	მ	მ	მ	ლ	ჟ	ა
ვ	ი	ო	ა	ბ	ო	ძ	ო	ნ	ზ	ი	ი	თ	ჰ
ვ	გ	უ	რ	ყ	ი	კ	რ	ჭ	თ	ო	წ	ც	უ
ხ	ფ	მ	ჟ	ი	ჟ	წ	ა	ფ	ვ	წ	რ	ძ	ჭ
ი	ლ	ა	ს	ა	ს	ა	რ	გ	ე	ბ	ლ	ო	ა
მ	ა	რ	ჯ	ო	რ	ა	მ	ი	ვ	ძ	ა	შ	რ

არომატული
ბასილი
სასარგებლოა
კულინარია
ცერეცოს
არომატი
ყვავილი
ბალი
ნიორი
მწვანე
ინგრედიენტი
ლავანდა
მარჯორამი
პიტნა
ორეგანო
მცენარე
როზმარინი
ზაფრანა

47 - Vehicles

ვ	ე	რ	ტ	მ	ფ	რ	ე	ნ	ი	ღ	გ	ტ	ი
ა	ი	ო	რ	ტ	ე	მ	ფ	ა	შ	ლ	მ	ა	რ
ბ	ლ	ს	ლ	ა	ვ	ტ	ო	ბ	უ	ს	ი	ქ	ა
ა	ი	ყ	ა	ი	რ	ე	ტ	უ	კ	ს	პ	ს	კ
ს	ნ	ბ	თ	ლ	ბ	ვ	ა	ნ	ჟ	ლ	ო	ი	ე
მ	ა	ტ	ქ	ე	ლ	ო	ჭ	წ	ო	ტ	ც	მ	ტ
ა	ვ	ბ	ფ	ბ	ლ	ა	მ	ბ	ხ	ვ	ზ	თ	ა
ნ	ა	პ	უ	ე	ჟ	ი	რ	ო	ტ	ქ	ა	რ	ტ
ქ	რ	ყ	დ	რ	ჩ	ფ	ნ	რ	ტ	ფ	ა	რ	უ
ა	ა	შ	თ	ა	ა	ჯ	ს	ა	ა	ვ	ა	რ	ძ
ნ	ქ	ლ	წ	ტ	ჭ	ვ	ი	ნ	ვ	ვ	ა	პ	ქ
ა	ვ	ბ	ხ	ა	წ	წ	ე	ი	ვ	ა	ნ	ა	ხ
ა	ჰ	შ	დ	მ	ს	კ	უ	ბ	წ	ლ	რ	ტ	ს
ი	ვ	ა	ნ	ი	რ	ფ	მ	თ	ი	ვ	თ	ს	კ

თვითმფრინავი
ნავი
ავტობუსი
მანქანა
ქარავანი
ძრავა
ბორანი
ვერტმფრენი
საავტომობილო

რაფტ
რაკეტა
სკუტერი
მეტრო
ტაქსი
საბურავები
ტრაქტორი
მატარებელი
ვან

48 - Flowers

პ	ჰ	უ	ლ	პ	პ	წ	Ო	ჭ	კ	მ	ო	ჟ	ს
ლ	ი	Ი	ა	ვ	ე	ი	წ	პ	ა	ა	რ	ა	ა
უ	ბ	გ	ვ	ყ	ა	ო	ა	ძ	ლ	გ	ქ	ს	მ
მ	ი	რ	ა	ყ	უ	რ	ნ	რ	ე	ნ	ი	მ	ყ
ე	ს	გ	ნ	ყ	შ	ძ	დ	ი	ნ	ო	დ	ი	უ
რ	კ	ა	დ	ძ	ა	ქ	ლ	ი	დ	ლ	ე	ნ	რ
ი	უ	რ	ა	ს	ნ	ყ	წ	ბ	უ	ი	ა	ი	ა
ა	ს	დ	ძ	Ო	ც	წ	ა	ი	ლ	ა	ტ	ე	პ
Ო	ი	ე	რ	კ	ხ	ძ	ჰ	ჩ	ა	ი	ძ	ყ	ღ
ქ	ლ	ნ	ქ	ჩ	უ	ხ	ი	ს	ო	Ო	ც	ძ	Თ
Ო	ი	ი	რ	ე	ფ	ს	ი	ნ	მ	ა	ს	ა	ი
შ	ლ	ა	რ	ი	ზ	მ	უ	ს	ე	ზ	მ	ძ	წ
დ	ე	ნ	დ	ე	ლ	ი	ო	ნ	ი	თ	ჰ	რ	ლ
ბ	უ	კ	ე	ტ	ი	ზ	ი	ე	დ	ლ	Თ	რ	ტ

ბუკეტი
კალენდულა
სამყურა
დეიზი
დენდელიონი
გარდენია
ჰიბისკუსი
ჟასმინი
ლავანდა
იასამნისფერი
ლილი
მაგნოლია
ორქიდეა
პეონი
პეტალი
პლუმერია
ყაყაჩო
ვარდი
მზესუმზირა

49 - Health and Wellness #1

კ	მ	ე	დ	ი	ც	ი	ნ	ა	პ	ა	ყ	ჰ	ქ
ა	უ	მ	კ	უ	რ	ნ	ა	ლ	ო	ბ	ა	რ	თ
ბ	დ	ნ	ყ	მ	წ	ა	კ	ძ	ვ	ლ	ე	ბ	ი
ე	ს	ხ	თ	ჭ	ა	კ	ბ	ლ	შ	ვ	ა	ლ	ე
ნ	ო	ნ	მ	ე	ლ	ლ	ა	მ	ი	ს	პ	ზ	ქ
ა	ე	ზ	რ	კ	ბ	ლ	ქ	ი	ი	ნ	ჭ	ქ	ი
ი	ო	რ	ი	რ	უ	ი	ტ	ქ	ა	ბ	ი	ზ	მ
ზ	ს	მ	ვ	ნ	ს	ც	ე	ა	ა	ჟ	პ	კ	ი
ა	ჭ	შ	პ	ე	ჟ	ნ	რ	ი	ჩ	ო	ლ	ყ	ა
დ	ო	ყ	ხ	ბ	ბ	ბ	ი	თ	ვ	ლ	შ	ა	ხ
ვ	ი	რ	უ	ს	ი	ი	ე	ფ	ე	ჯ	ჰ	ჰ	ლ
შ	ი	მ	შ	ი	ლ	ი	ბ	ა	ვ	ქ	წ	შ	ლ
ლ	გ	ი	კ	ძ	ჰ	ა	ი	პ	ა	რ	ე	თ	ლ
ქ	ძ	პ	გ	რ	ე	ფ	ლ	ე	ქ	ს	ი	ს	ა

აქტიური
ბაქტერიები
ძვლები
კლინიკა
ექიმი
ჩვევა
სიმაღლე
შიმშილი
დაზიანება
მედიცინა
კუნთები
ნერვები
აფთიაქი
რეფლექსი
კანი
თერაპია
მკურნალობა
ვირუსი

50 - Town

ს	ი	შ	ა	თ	დ	ც	ქ	ზ	ბ	ვ	ლ	ო	ძ
ლ	ნ	ბ	პ	ე	ფ	ლ	ო	რ	ი	ს	ტ	ი	ქ
თ	ო	ს	შ	ა	ლ	ო	კ	ს	თ	ძ	ხ	მ	ქ
დ	ი	ტ	ე	ტ	ი	ს	რ	ე	ვ	ი	ნ	უ	ქ
კ	დ	კ	ო	რ	მ	უ	ტ	ს	ა	ს	მ	ე	ო
რ	ა	ხ	ნ	ი	ქ	ა	ი	თ	ფ	ა	ა	ზ	ო
ჭ	ტ	ფ	გ	ა	ლ	ე	რ	ე	ა	ვ	ღ	უ	კ
ლ	ს	ხ	ე	ი	ბ	ო	ხ	ც	ა	ს	ა	მ	ლ
წ	ო	ჯ	წ	ი	კ	რ	ა	პ	ო	ო	ზ	პ	ი
დ	გ	ხ	ა	კ	ე	თ	ო	ი	ლ	ბ	ი	ბ	ნ
კ	ს	შ	ჩ	ლ	ქ	ქ	ი	რ	ა	ზ	ა	ბ	ი
ძ	ი	ტ	ე	კ	რ	ა	მ	რ	ე	პ	უ	ს	კ
უ	ლ	ნ	ო	ა	წ	უ	ლ	ვ	ზ	ე	შ	ნ	ა
ჯ	რ	ძ	ო	ა	ე	რ	ო	პ	ო	რ	ტ	ი	ღ

აეროპორტი
საცხობი
ბანკი
კაფე
კინო
კლინიკა
ფლორისტი
გალერეა
სასტუმრო
ბიბლიოთეკა
ბაზარი
მუზეუმი
აფთიაქი
სკოლა
სტადიონი
მაღაზია
სუპერმარკეტი
თეატრი
უნივერსიტეტი
ზოოპარკი

51 - Antarctica

ლ	ჰ	ბ	თ	ლ	კ	მ	ყ	ა	ბ	ს	ჯ	ა	ქ
ა	წ	პ	ე	ა	ყ	უ	ძ	ი	ბ	ე	ტ	ი	ჩ
რ	ა	ვ	თ	ი	შ	ო	ნ	ი	ნ	ფ	ა	ძ	კ
უ	ძ	ტ	ი	ფ	შ	კ	ხ	ძ	ლ	უ	რ	ღ	ძ
ტ	ძ	შ	ნ	ა	უ	ძ	ო	ქ	უ	წ	ლ	ფ	ვ
ა	ი	ფ	ა	რ	გ	ო	პ	ო	ტ	ლ	ე	ი	დ
რ	წ	უ	ვ	გ	ძ	ყ	შ	მ	პ	უ	ე	ლ	ბ
ე	ყ	ე	ო	ო	ჩ	ს	ტ	ე	უ	კ	ძ	ბ	ძ
პ	ა	ს	დ	ე	მ	ი	გ	რ	ა	ც	ი	ა	ი
მ	ლ	ძ	ლ	გ	ფ	ო	ძ	ა	წ	ო	ა	ა	ჯ
ე	ი	შ	კ	პ	ზ	ლ	ი	გ	შ	დ	კ	ხ	ი
ტ	ს	ა	მ	ე	ც	ნ	ი	ე	რ	ო	ო	გ	ი
კ	ო	ნ	ტ	ი	ნ	ე	ნ	ტ	ი	ყ	ვ	უ	ს
მ	ყ	ი	ნ	ვ	ა	რ	ე	ბ	ი	ვ	ე	შ	ნ

ბეი
ჩიტები
კონტინენტი
კოვე
გარემო
გეოგრაფია
მყინვარები
ყინული
კუნძულები
მიგრაცია
კლდოვანი
სამეცნიერო
ტემპერატურა
ტოპოგრაფია
წყალი

52 - Ballet

გ	ქ	ო	რ	ე	ო	გ	რ	ა	ფ	ი	ა	ძ	მ
ა	უ	რ	მ	ა	უ	დ	ი	ტ	ო	რ	ი	ა	ო
კ	კ	ნ	ი	ხ	ჩ	ჰ	შ	წ	ჟ	თ	ბ	ნ	ც
ვ	ო	ძ	ა	ტ	ა	Ი	ა	ი	ე	ძ	ე	ი	ე
ე	მ	Უ	მ	რ	მ	ტ	ტ	ფ	ს	Ო	თ	რ	კ
თ	პ	პ	ო	ტ	ი	ი	ვ	ვ	ტ	Ო	ნ	ე	ვ
ი	ო	პ	ხ	ე	Ო	უ	ო	რ	ი	ბ	უ	ლ	ა
ლ	ზ	რ	დ	ქ	ყ	ვ	რ	Ი	უ	ო	კ	ა	ვ
ე	ი	ა	ე	ნ	ვ	თ	კ	უ	ჰ	ლ	ო	ბ	ე
ბ	ტ	ქ	ნ	ი	ა	ო	ე	Ი	რ	ღ	ი	წ	ე
ი	ო	ტ	ი	კ	ს	წ	ს	ს	ტ	ი	ლ	ი	ბ
ღ	რ	ი	ლ	ა	ო	ნ	ტ	გ	თ	ფ	რ	ა	ი
შ	ი	კ	ი	ჯ	ა	ხ	რ	ვ	ხ	ხ	რ	რ	ზ
ძ	ფ	ა	Ა	ხ	ა	კ	ი	ს	უ	მ	თ	Უ	ჩ

ტაში
მხატვრული
აუდიტორია
ბალერინა
ქორეოგრაფია
კომპოზიტორი
მოცეკვავეები
ჟესტი
მოხდენილი

გაკვეთილები
კუნთები
მუსიკა
ორკესტრი
პრაქტიკა
რიტმი
უნარი
სტილი
ტექნიკა

53 - Fashion

კ	მ	ტ	ო	ჭ	რ	ძ	ნ	თ	მ	მ	ე	ს	რ
ო	ო	ე	რ	ბ	ა	ვ	ი	ა	ა	ი	ლ	ტ	კ
მ	კ	ქ	ი	ი	პ	ი	მ	ნ	რ	ნ	ე	ა	გ
ფ	რ	ს	გ	ლ	ტ	რ	უ	ა	ტ	ი	გ	ნ	ა
ო	ძ	ტ	ი	უ	ი	ი	შ	მ	ი	მ	ა	ს	ზ
რ	ა	უ	ნ	კ	ხ	ტ	ი	ე	ვ	ა	ნ	ა	ო
ტ	ლ	რ	ა	ი	ღ	ა	ს	დ	ი	ლ	ტ	ც	მ
უ	ე	ა	ლ	ტ	ი	ს	თ	რ	ც	ი	უ	მ	ვ
ლ	ბ	ა	ი	ქ	ლ	მ	რ	ო	ღ	ს	რ	ე	ე
ი	უ	ე	ი	ა	ა	ხ	გ	ვ	ძ	ტ	ი	ლ	ბ
ს	ლ	რ	მ	რ	კ	ბ	ა	ე	ო	ი	ი	ი	ი
ლ	ი	ე	ჯ	პ	ე	ბ	უ	ტ	ი	კ	ი	ფ	ფ
რ	ბ	წ	ყ	ხ	ბ	მ	ა	ქ	მ	ა	ნ	ი	უ
ო	ძ	ლ	თ	ნ	ი	ბ	ე	გ	რ	ა	ქ	ა	ნ

ბუტიკი
ღილაკები
ტანსაცმელი
კომფორტული
ელეგანტური
ნაქარგები
ძვირი
მაქმანი
გაზომვები
მინიმალისტი
თანამედროვე
მოკრძალებული
ორიგინალი
ნიმუში
პრაქტიკული
მარტივი
სტილი
ტექსტურა

54 - Human Body

ღ	ნ	ჯ	პ	ქ	ჰ	ო	ჭ	ყ	ჲ	ზ	უ	ლ	მ
ლ	ი	ლ	ე	ხ	წ	ს	პ	ბ	ხ	გ	ლ	ბ	უ
ნ	კ	ვ	ბ	ჳ	ხ	წ	ა	ა	ხ	ჵ	ს	ტ	ხ
თ	ა	რ	ა	თ	ყ	ი	ლ	ხ	ს	ი	ს	ვ	ლ
ყ	პ	გ	რ	თ	ჲ	ხ	პ	გ	ე	ნ	ჲ	ი	ზ
უ	ი	ტ	ე	რ	ფ	ი	ხ	ე	ფ	ა	ჩ	ნ	ე
რ	ც	ბ	ყ	ჟ	დ	ხ	რ	წ	ა	კ	შ	ი	ე
ი	უ	ტ	ე	ძ	ყ	ძ	ლ	ვ	ო	ჳ	შ	რ	წ
თ	ი	თ	ი	ლ	უ	გ	რ	ჟ	ღ	მ	ჰ	ი	ზ
პ	ზ	ლ	ა	ი	ვ	ყ	ა	დ	ი	ქ	მ	ვ	ძ
ჰ	ჟ	ნ	ზ	დ	ყ	ძ	ა	ი	მ	ფ	ხ	ხ	ე
კ	ი	ს	ე	რ	ი	პ	ი	რ	ი	ჰ	რ	ც	ხ
ა	გ	ი	პ	ყ	შ	ღ	ხ	ე	ხ	ნ	ი	ზ	ნ
ჰ	ლ	ძ	ნ	ი	ე	ვ	თ	ი	პ	ფ	ს	შ	ე

ტერფი
სისხლი
ძვლები
ტვინი
ნიკაპი
ყური
იდაყვი
სახე
თითი
ხელი
თავი
გული
ყბა
მუხლზე
ფეხი
პირი
კისერი
ცხვირი
მხრის
კანი

55 - Musical Instruments

ს	ჯ	შ	ყ	უ	ბ	ტ	პ	ო	ქ	შ	ბ	წ	პ
ჯ	ა	რ	ფ	ა	ა	ა	ე	ს	ზ	ლ	ა	ც	ი
ვ	რ	მ	ი	რ	რ	მ	რ	ბ	ა	დ	ნ	რ	ა
ჰ	უ	ქ	ნ	ა	ა	ბ	კ	ჭ	ა	გ	ჯ	ო	ნ
მ	ა	ქ	ო	ტ	ბ	უ	უ	მ	ხ	ს	ო	ი	ი
ა	ფ	რ	ბ	ი	ა	რ	ს	ჰ	თ	ჩ	ო	ო	ნ
რ	ლ	ძ	მ	გ	ნ	ი	ი	ჩ	ე	ლ	ო	ნ	ო
ი	ე	ჰ	ო	ო	ი	ხ	ა	შ	ჯ	თ	ფ	ვ	ი
მ	ი	ო	რ	ი	ნ	ო	ფ	ო	ს	ქ	ა	ს	უ
ბ	ტ	ბ	ტ	გ	გ	ი	ს	ა	ყ	ვ	ი	რ	ი
ა	ა	ო	ყ	ნ	ქ	ე	კ	ს	ფ	ტ	ძ	ო	ლ
ო	ნ	ი	ლ	ო	ი	ვ	ა	ა	გ	ჰ	გ	ჩ	ტ
ჭ	ე	ი	ე	გ	მ	ა	ნ	დ	ო	ლ	ი	ნ	ი
მ	დ	ნ	კ	ლ	ა	რ	ნ	ე	ტ	ი	დ	მ	გ

ბანჯო
ბასონი
ჩელო
კლარნეტი
ბარაბანი
ფლეიტა
გონგი
გიტარა
ჰარმონიკა
არფა
მანდოლინი
მარიმბა
ჰობოი
პერკუსია
პიანინო
საქსოფონი
ტამბური
ტრომბონი
საყვირი
ვიოლინო

56 - Fruit

ჭ	ლ	თ	ზ	წ	წ	ყ	ს	Ი	თ	ღ	რ	ბ	ლ
ვ	ო	პ	ყ	წ	Ო	შ	ლ	ქ	ს	მ	მ	ბ	ყ
გ	ა	რ	გ	ა	რ	ი	ბ	მ	ო	გ	ნ	ა	მ
გ	უ	ა	ვ	ა	პ	რ	ა	Უ	ნ	ქ	ი	ქ	რ
ვ	ა	შ	ლ	ი	ს	ე	ო	დ	ა	კ	ო	ვ	ა
ს	ი	ვ	ი	კ	ფ	ბ	ბ	ყ	ტ	ნ	წ	ს	რ
ა	ნ	ა	ნ	ა	ს	ი	მ	ა	ტ	ა	ა	ხ	ი
ი	ი	Თ	მ	ქ	ი	ვ	ს	ე	ნ	ყ	ხ	ხ	ლ
ა	რ	ლ	ი	მ	ო	ნ	ი	ლ	ა	ბ	უ	ლ	ა
პ	ა	ჩ	ნ	პ	ლ	ა	ე	ბ	ო	ზ	შ	ს	ხ
ა	ტ	შ	ა	ე	ო	ტ	პ	ძ	ს	რ	ა	ყ	ს
პ	ქ	ხ	ნ	ქ	ჟ	ჟ	ხ	რ	რ	ნ	ქ	ე	მ
ე	ე	ჟ	ა	ფ	ქ	ე	შ	რ	Ო	უ	ა	ხ	პ
ა	ნ	ვ	ბ	ძ	ბ	ჭ	უ	თ	ფ	ხ	ყ	რ	ნ

ვაშლის
გარგარი
ავოკადო
ბანანი
ბერი
ალუბალი
ქოქოსი
ნახ
ყურძენი
გუავა
კივი
ლიმონი
მანგო
ნესვი
ნექტარინი
პაპაია
ატამი
მსხალი
ანანასი
ჟოლო

57 - Virtues #1

უ	ზ	პ	ა	ც	ი	ე	ნ	ტ	ი	ხ	ძ	ა	მ
ფ	ა	თ	ჯ	გ	უ	ლ	უ	ხ	ვ	ი	გ	ვ	ხ
დ	ა	მ	ო	უ	კ	ი	დ	ე	ბ	ე	ლ	ი	ა
ვ	ს	ა	ს	ა	რ	გ	ე	ბ	ლ	ო	ქ	მ	ტ
გ	ა	დ	ა	მ	წ	ყ	ვ	ე	ტ	ი	კ	ო	ვ
ვ	ზ	ე	ფ	ე	ქ	ტ	უ	რ	ი	ლ	ქ	მ	რ
ც	ნ	ს	ა	ს	ა	ც	ი	ლ	ო	ვ	ს	ხ	უ
ო	დ	ე	მ	ი	ა	ს	ლ	ყ	ე	ბ	რ	ი	ლ
ი	ლ	უ	ბ	ე	ლ	ა	ძ	რ	კ	ო	მ	ბ	ი
ი	ლ	უ	კ	ი	ტ	ქ	ა	რ	პ	ხ	ჯ	ლ	ს
ი	თ	ი	ვ	ხ	ა	ს	ო	მ	რ	ა	წ	ა	უ
ბ	რ	ძ	ე	ნ	ი	ნ	ს	რ	შ	ვ	შ	ვ	ფ
მ	ბ	ფ	რ	ო	ქ	ბ	ი	გ	რ	ა	კ	ი	თ
თ	ა	ვ	დ	ა	ჯ	ე	რ	ე	ბ	უ	ლ	ი	ა

მხატვრული
მომხიბლავი
სუფთა
თავდაჯერებული
გადამწყვეტი
ეფექტური
სასაცილო
გულუხვი
კარგი
სასარგებლო
წარმოსახვითი
დამოუკიდებელი
მოკრძალებული
ვნებიანი
პაციენტი
პრაქტიკული
საიმედო
ბრძენი

58 - Engineering

დ	ფ	ყ	თ	პ	ღ	მ	წ	ღ	ს	პ	მ	მ	გ
ი	ი	ჭ	ხ	ბ	ე	შ	ა	ლ	ა	ძ	ა	დ	ა
ა	ი	ტ	ე	ე	რ	ე	ი	ძ	ა	თ	ნ	ჯ	ა
მ	ბ	ი	ვ	რ	ძ	ნ	ც	ძ	ვ	ი	ქ	ყ	ნ
ე	უ	კ	ა	კ	ი	ე	უ	ქ	ტ	ჩ	ა	ო	გ
ტ	ე	უ	დ	ე	უ	ბ	ბ	ნ	ო	ა	ნ	ძ	ა
რ	გ	თ	ი	ტ	შ	ლ	ი	ო	მ	ზ	ა	ძ	რ
ი	ა	ხ	ლ	ე	გ	ო	რ	ო	ო	ო	თ	რ	ი
ლ	ზ	ე	დ	ბ	ე	ბ	ტ	შ	ბ	მ	თ	ა	შ
ე	ო	ბ	ქ	ი	მ	ა	ს	წ	ი	ე	პ	ვ	ე
ზ	მ	ე	ნ	ე	რ	გ	ი	ა	ლ	ბ	ა	ა	ბ
ი	ვ	ვ	რ	შ	ღ	ძ	დ	წ	ო	ი	ქ	ლ	ა
დ	ა	ყ	შ	ბ	ი	დ	ი	ა	გ	რ	ა	მ	ა
ხ	ბ	დ	თ	ო	ს	ყ	ჰ	ძ	ვ	ბ	ხ	ლ	ჟ

კუთხე
ღერძი
გაანგარიშება
მშენებლობა
სიღრმე
დიაგრამა
დიამეტრი
დიზელი
ზომები
დისტრიბუცია
ენერგია
ძრავა
ბერკეტები
თხევადი
მანქანა
გაზომვა
საავტომობილო
ძალა

59 - Government

ი	ლ	გ	ე	ძ	ა	ლ	ჯ	თ	უ	ა	ც	ქ	შ
ნ	უ	წ	ო	მ	ი	ზ	დ	ბ	ა	ბ	ტ	უ	ვ
ა	რ	რ	ფ	ი	ც	თ	მ	რ	წ	ე	ა	ნ	ჰ
ი	ყ	ა	ი	ს	უ	კ	ს	ი	დ	ლ	ბ	ნ	ა
ბ	ბ	კ	წ	დ	ტ	ს	ა	ო	ს	ე	ე	ს	ი
ო	ე	ი	მ	ლ	ი	ხ	ქ	ღ	ი	ვ	ლ	ა	ტ
დ	რ	ტ	ლ	შ	ტ	უ	ა	ჩ	მ	ყ	ფ	მ	ა
ი	ი	ი	ე	ზ	ს	ვ	ლ	ნ	ბ	ტ	უ	ო	რ
ვ	ნ	ლ	ხ	ე	ნ	ლ	ძ	ი	ო	ე	ს	ქ	კ
შ	შ	ო	ა	თ	ო	პ	ი	პ	ლ	მ	ი	ა	ო
მ	ფ	პ	ს	ჟ	კ	ლ	ს	დ	ო	ყ	ვ	ლ	მ
ს	ა	მ	ა	რ	თ	ა	ლ	ი	ე	ყ	ა	ა	ე
ს	ა	ს	ა	მ	ა	რ	თ	ლ	ო	რ	თ	ქ	დ
მ	ო	ქ	ა	ლ	ა	ქ	ე	ო	ბ	ა	ი	ო	ყ

მოქალაქეობა
სამოქალაქო
კონსტიტუცია
დემოკრატია
დისკუსია
უბანი
სასამართლო
სამართალი
ლიდერი
იურიდიული
თავისუფლება
ძეგლი
ერი
მშვიდობიანი
პოლიტიკა
მეტყველება
სახელმწიფო
სიმბოლო

60 - Art Supplies

მ	წ	ქ	ნ	თ	ა	კ	ვ	ა	რ	ე	ლ	ი	ქ
ბ	პ	ყ	გ	ს	ძ	ო	პ	ვ	დ	თ	ც	ყ	ქ
ს	ა	წ	ა	ჯ	ა	ო	ჟ	ა	ყ	ყ	ი	ყ	ღ
თ	ი	დ	რ	ლ	დ	ლ	ს	ნ	კ	ყ	თ	ხ	თ
ი	ბ	ე	ე	დ	ი	რ	ი	შ	ხ	ა	ნ	ს	ა
დ	ე	ა	მ	ი	გ	ჭ	დ	ჯ	თ	ო	ო	ს	ჯ
ა	ვ	კ	ა	ფ	ა	ნ	ქ	რ	ე	ბ	ი	ა	ა
ზ	ა	რ	კ	მ	მ	ო	ბ	ლ	ა	ე	რ	შ	გ
გ	ბ	ი	უ	ე	თ	ზ	ჰ	ჟ	ა	წ	ვ	ლ	რ
უ	ე	ლ	ბ	ლ	გ	ე	ს	კ	ა	მ	ი	ე	ი
რ	ღ	ი	უ	ა	თ	თ	ქ	ბ	ო	ძ	ქ	ლ	ს
ი	ა	ს	ჩ	ნ	ჰ	ი	ბ	ე	რ	ე	ფ	ი	ე
რ	ს	ს	დ	ი	ქ	ა	ღ	ა	ლ	დ	ი	ა	ბ
კ	რ	ე	ა	ტ	ი	უ	ლ	ო	ბ	ა	მ	ხ	ი

აკრილის
ჯაგრისები
კამერა
სკამი
ნახშირი
თიხა
ფერები
კრეატიულობა
დაზგური
საშლელი
წებო
იდეები
მელანი
ზეთი
სალებავები
ქაღალდი
ფანქრები
მაგიდა
წყალი
აკვარელი

61 - Science Fiction

ი	ლ	უ	ტ	ს	ი	რ	უ	ტ	უ	ფ	ყ	ჩ	გ
ს	ჩ	შ	ა	ი	გ	ო	ლ	ო	ნ	ქ	ე	ტ	ა
წ	ლ	მ	ო	ი	ს	ბ	უ	ტ	ო	პ	ი	ა	კ
ო	ი	ლ	ძ	თ	ჩ	ო	ნ	ი	კ	ჭ	წ	პ	ი
ვ	რ	გ	ყ	ყ	ა	ტ	ე	ნ	ა	ლ	პ	უ	ტ
პ	ჩ	ა	ნ	ი	ბ	ე	ტ	ა	კ	ი	მ	ი	ქ
კ	ჩ	ჯ	კ	ე	ა	ბ	ე	ქ	თ	ე	ფ	ა	ა
გ	კ	გ	წ	ლ	ბ	ი	რ	უ	მ	ო	ტ	ა	ლ
ხ	დ	ტ	ხ	ც	ე	ი	ლ	ძ	ც	ც	ც	უ	ა
უ	ი	რ	უ	კ	ი	ტ	ს	ა	ტ	ნ	ა	ფ	გ
ი	ლ	უ	ზ	ი	ა	ც	თ	პ	მ	ს	ლ	რ	ძ
ჟ	დ	ი	ს	ტ	ო	პ	ი	ა	ლ	უ	ლ	უ	რ
ზ	წ	ს	ვ	ხ	ც	ე	ც	ხ	ლ	ი	დ	ყ	პ
წ	ა	რ	მ	ო	ს	ა	ხ	ვ	ი	თ	ი	ი	ჩ

ატომური
წიგნები
ქიმიკატები
კინო
დისტოპია
აფეთქება
ფანტასტიკური
ცეცხლი
ფუტურისტული
გალაქტიკა
ილუზია
წარმოსახვითი
იდუმალი
ორაკლე
პლანეტა
რობოტები
ტექნოლოგია
უტოპია

62 - Geometry

ჰ	ჩ	ე	წ	მ	ე	დ	ი	ა	ნ	უ	რ	ი	ნ
დ	ო	პ	ა	რ	ა	ლ	ე	ლ	უ	რ	ა	დ	ო
ი	ს	რ	ა	მ	კ	მ	ა	ს	ა	ს	ბ	თ	მ
ა	ი	ო	ი	რ	ი	პ	ა	დ	ე	ზ	ე	ე	ე
მ	მ	ძ	ც	ზ	გ	შ	რ	ჰ	რ	ს	ლ	ო	რ
ე	ა	კ	რ	მ	ო	ი	ვ	ბ	წ	ფ	ო	რ	ი
ტ	ლ	ხ	ო	ნ	ლ	ნ	ლ	ქ	ქ	ლ	ტ	ი	ს
რ	ლ	დ	პ	ჩ	ი	ა	ტ	ნ	ს	ე	ნ	ა	ე
ი	ე	შ	ო	კ	ჭ	ბ	ჩ	ა	ყ	ხ	ა	წ	გ
დ	ჩ	ს	რ	ი	თ	დ	ს	ძ	ლ	თ	გ	დ	მ
ნ	ზ	რ	პ	ნ	ე	წ	მ	ი	დ	უ	რ	მ	ე
ს	ი	მ	ე	ტ	რ	ი	ა	ე	ჯ	კ	რ	ჰ	ნ
გ	ა	ა	ნ	გ	ა	რ	ი	შ	ე	ბ	ა	ი	ტ
გ	ა	ნ	ზ	ო	მ	ი	ლ	ე	ბ	ა	ჰ	უ	ი

კუთხე
გაანგარიშება
წრე
მრუდი
დიამეტრი
განზომილება
განტოლება
სიმაღლე
ჰორიზონტალური
ლოგიკა
მასა
მედიანური
ნომერი
პარალელურად
პროპორცია
სეგმენტი
ზედაპირი
სიმეტრია
თეორია

63 - Creativity

ი	ლ	უ	ტ	ა	მ	ა	რ	დ	ძ	ჭ	ს	ე	ს
ჩ	წ	ლ	ნ	ს	თ	დ	ზ	თ	რ	Ო	ი	მ	Თ
ო	ა	Ო	Თ	ა	ბ	ე	ლ	ვ	ც	ი	ც	ო	ვ
Უ	ხ	ი	ლ	უ	რ	ვ	ტ	ა	ხ	მ	ხ	ც	ა
პ	Ო	ჩ	ა	ი	ც	ი	უ	ტ	ნ	ი	ა	ი	ბ
ნ	ა	მ	დ	ვ	ი	ლ	ო	ბ	ა	რ	დ	ე	ო
გ	ა	მ	ო	ხ	ა	ტ	ვ	ა	ს	ნ	ე	ბ	ვ
შ	თ	ა	ბ	ე	ჭ	დ	ი	ლ	ე	ბ	ა	ი	ი
ქ	Თ	ს	Უ	ი	რ	უ	ნ	ა	ტ	ნ	ო	პ	ს
თ	ც	უ	კ	მ	დ	ხ	ე	დ	ვ	ე	ბ	ი	ნ
ვ	ნ	რ	ი	ა	ბ	ე	ნ	ო	გ	ა	თ	შ	ე
ჟ	ო	ა	უ	ხ	ყ	პ	ე	ნ	ჯ	დ	Ყ	ქ	ტ
ო	Უ	თ	ხ	წ	Ი	ჭ	მ	ბ	ს	წ	ჟ	შ	ნ
დ	ა	ი	ც	ა	ს	ნ	ე	ს	ი	ე	Უ	ჟ	ი

მხატვრული
ნამდვილობა
იცვლება
სიცხადე
დრამატული
ემოციები
გამოხატვა
იდეები
სურათი
შთაბეჭდილება
შთაგონება
ინტენსივობა
ინტუიცია
სენსაცია
უნარი
სპონტანური
ხედვები

64 - Airplanes

მ	ხ	წ	ო	შ	ჰ	ჰ	ა	ბ	ი	ს	უ	უ	მ
ვ	გ	ჯ	ი	ვ	ა	ვ	წ	ა	ს	ა	ჰ	კ	ი
დ	ს	ზ	თ	პ	ე	ლ	ღ	ა	მ	ი	ს	ძ	მ
ი	ქ	ღ	ა	ზ	რ	ა	ს	დ	პ	პ	ა	ს	ა
ზ	ს	ს	ი	ვ	ი	დ	ა	ბ	ლ	ა	ყ	წ	რ
ა	ვ	ა	რ	ძ	რ	ა	დ	ბ	თ	ფ	პ	ზ	თ
ი	ქ	შ	ო	ე	ყ	ი	ე	ხ	უ	კ	ლ	ო	უ
ნ	ჟ	ლ	ტ	ღ	უ	ი	ს	ც	ა	შ	ბ	ბ	ლ
ი	კ	ყ	ს	ვ	რ	წ	ა	ო	კ	ი	ტ	ს	ე
ო	პ	ვ	ი	ა	მ	გ	ნ	ქ	ხ	ო	ხ	ი	ბ
ბ	პ	ი	ლ	ო	ტ	ი	ტ	ლ	ზ	ი	დ	ს	ა
ე	კ	ი	პ	ა	ჟ	ი	ო	წ	რ	ბ	ი	რ	ხ
პ	რ	ო	პ	ე	ლ	ე	რ	ე	ბ	ი	თ	ა	ქ
მ	შ	ე	ნ	ე	ბ	ლ	ო	ბ	ა	ხ	ს	ძ	მ

ჰაერი
ბუშტი
მშენებლობა
ეკიპაჟი
დიზაინი
მიმართულება
ძრავა
საწვავი
სიმაღლე
ისტორია
წყალბადი
სადესანტო
მგზავრი
პილოტი
პროპელერები
ცა

65 - Ocean

ხ	ტ	ე	ლ	წ	პ	ნ	ვ	ღ	ო	ნ	ზ	ზ	კ
ძ	ჰ	ა	ა	თ	ლ	ე	ხ	რ	ძ	ა	ვ	ყ	რ
შ	შ	მ	ლ	ტ	წ	რ	ს	უ	კ	ვ	ი	ღ	ე
მ	ტ	ძ	ბ	ღ	უ	ბ	ხ	ბ	რ	ი	გ	ლ	ვ
ყ	ყ	ო	ო	წ	ე	ი	ა	ე	ჰ	პ	ე	ბ	ე
ი	ლ	ი	რ	ა	მ	ბ	ბ	ლ	ტ	ა	ნ	ო	ტ
ნ	დ	ნ	რ	მ	ბ	ა	ი	ი	უ	შ	ი	ყ	ე
ა	ზ	ო	პ	ზ	ი	რ	ზ	ქ	ნ	ე	ხ	რ	ბ
ჯ	ტ	ხ	პ	ძ	მ	კ	ჭ	უ	ა	ვ	ე	ვ	ი
რ	ი	ფ	ი	ნ	ი	ფ	ლ	ე	დ	თ	უ	ა	ყ
ა	ზ	ვ	ე	თ	ლ	ე	ვ	გ	ლ	ე	ი	ფ	პ
მ	ძ	ლ	ვ	ბ	ხ	ვ	ტ	ტ	ა	ვ	მ	ე	ხ
ბ	ა	ჰ	წ	ვ	ს	თ	ყ	თ	ფ	ზ	გ	ხ	პ
ს	დ	ჟ	ო	ჭ	ლ	წ	წ	ვ	რ	ი	ზ	ა	ქ

ნავი
მარჯანი
კრაბი
დელფინი
გველთევზა
თევზი
მედუზა
რვაფეხა
ხელთაა
რიფი
მარილი
ზვიგენი
კრევეტები
ღრუბელი
შტორმი
ტუნა
კუს
ტალღები
ვეშაპი

66 - Force and Gravity

თ	ვ	ი	ს	ე	ბ	ე	ბ	ი	რ	ო	ყ	დ	გ
ხ	წ	ნ	Ი	Ა	მ	ა	ნ	ძ	ი	ლ	ი	ი	ა
ა	პ	ნ	ც	მ	გ	წ	პ	დ	ჩ	ე	მ	ნ	ფ
ხ	ლ	ვ	ე	ე	ა	კ	ი	ზ	ი	ფ	ნ	ა	ა
უ	ა	Უ	რ	ვ	ნ	გ	ც	შ	ღ	Თ	ჩ	მ	რ
ნ	ნ	თ	ა	წ	ა	ტ	ნ	წ	ო	ნ	ა	ი	თ
ი	ე	Ი	ქ	ა	ყ	ვ	რ	ი	ა	მ	ა	უ	ო
ს	ტ	ყ	ჩ	ყ	ტ	რ	ღ	ი	ტ	ა	ჩ	რ	ე
შ	ე	პ	ი	ნ	ხ	ქ	ბ	ს	ი	ი	კ	ი	ბ
ჭ	ბ	წ	ს	ბ	Თ	ბ	ნ	ლ	ბ	კ	ზ	ყ	ა
ჰ	ი	ღ	ე	რ	ძ	ი	ჟ	უ	რ	ლ	ყ	მ	მ
ა	ღ	მ	ო	ჩ	ე	ნ	ა	პ	ო	Ა	პ	წ	ი
Ი	პ	თ	ფ	ნ	დ	უ	შ	მ	რ	რ	ვ	ხ	წ
მ	ე	ქ	ა	ნ	ი	კ	ა	ი	დ	ბ	ე	Უ	Ი

ღერძი
ცენტრი
ალმოჩენა
მანძილი
დინამიური
გაფართოება
ხახუნის
მაგნიტიზმი
მექანიკა
იმპულსი
ორბიტა
ფიზიკა
პლანეტები
წნევა
თვისებები
სიჩქარე
დრო
წონა

67 - Birds

კ	ა	ნ	ა	რ	ი	ს	ლ	ი	ქ	პ	ყ	ს	ძ
დ	ძ	გ	ა	ს	პ	ც	თ	ლ	ა	ე	ა	ი	ფ
ქ	ო	შ	ო	ჰ	ქ	რ	ო	უ	თ	ლ	ნ	რ	ლ
პ	დ	ბ	ა	ტ	ი	ც	ტ	გ	ა	ი	ჩ	ა	ა
თ	ა	უ	ფ	ლ	დ	ს	უ	უ	მ	კ	ა	ქ	მ
ძ	უ	ლ	რ	ძ	ე	ს	კ	გ	ი	ა	ო	ლ	ი
ყ	პ	თ	თ	ჩ	რ	ღ	ა	ე	რ	ნ	მ	ე	ნ
ჩ	ა	შ	ი	ზ	ტ	კ	ნ	დ	ჭ	ი	ჰ	მ	გ
ს	რ	რ	ი	ყ	მ	ვ	ი	ე	შ	ვ	გ	ა	ო
ვ	უ	ძ	ყ	ხ	უ	შ	ლ	ბ	ტ	უ	ე	ს	ე
უ	ღ	ა	ი	ა	ვ	შ	ყ	ი	ვ	ი	წ	რ	ა
ღ	ე	ძ	ლ	ა	ტ	ი	ი	ს	ვ	კ	ნ	ზ	ღ
ე	ბ	ა	ყ	ბ	ტ	ი	ხ	ც	რ	ე	ვ	კ	მ
პ	ი	ნ	გ	ვ	ი	ნ	ი	ლ	მ	ა	პ	ი	უ

კანარის
ქათამი
ქროუ
გუგული
მტრედი
იხვი
არწივი
კვერცხი
ფლამინგო
ბატი
ყანჩა
სირაქლემას
თუთიყუში
პელიკანი
პინგვინი
ბელურა
ყარყატი
გედების
ტუკანი

68 - Nutrition

კ	ბ	უ	ჯ	ა	ნ	ს	ა	ლ	ი	ს	უ	ო	ს
ჰ	ა	ს	ა	კ	ვ	ე	ბ	ი	ლ	ი	ლ	უ	დ
ტ	ი	ლ	უ	ბ	ე	ს	ნ	ა	ლ	ა	ბ	ა	დ
დ	ო	მ	ო	ჯ	ი	კ	ც	დ	ზ	ყ	ს	დ	ს
ს	ლ	ქ	თ	რ	ძ	უ	უ	ა	ტ	ე	ი	დ	ა
ც	ი	ჩ	ს	ი	ი	ნ	ი	მ	ა	ტ	ი	ვ	ნ
ი	პ	თ	ბ	ი	ტ	ა	მ	ო	რ	ა	თ	ა	ე
ლ	ო	ძ	ხ	ე	ნ	ჩ	ვ	ე	ვ	ე	ბ	ი	ლ
ე	ლ	თ	ხ	ე	ს	ი	ქ	ჭ	წ	ო	ნ	ა	ე
ბ	ლ	ბ	მ	ე	ე	რ	ა	წ	მ	ე	ძ	ნ	ბ
ი	რ	ჯ	უ	ბ	ც	ბ	ე	ქ	ყ	მ	ტ	ხ	ლ
ხ	ა	რ	ი	ს	ხ	ი	ი	უ	ა	უ	დ	ძ	ე
ნ	ა	ხ	შ	ი	რ	წ	ყ	ლ	ე	ბ	ი	ვ	ბ
ჯ	ა	ნ	მ	რ	თ	ე	ლ	ო	ბ	ა	ჰ	უ	ი

მადა
დაბალანსებული
მწარე
კალორია
ნახშირწყლები
დიეტა
საკვები
დუღილი
არომატი
ჩვევები
ჯანმრთელობა
ჯანსაღი
სითხეები
ცილები
ხარისხი
სოუსი
სანელებლები
ტოქსინი
ვიტამინი
წონა

69 - Hiking

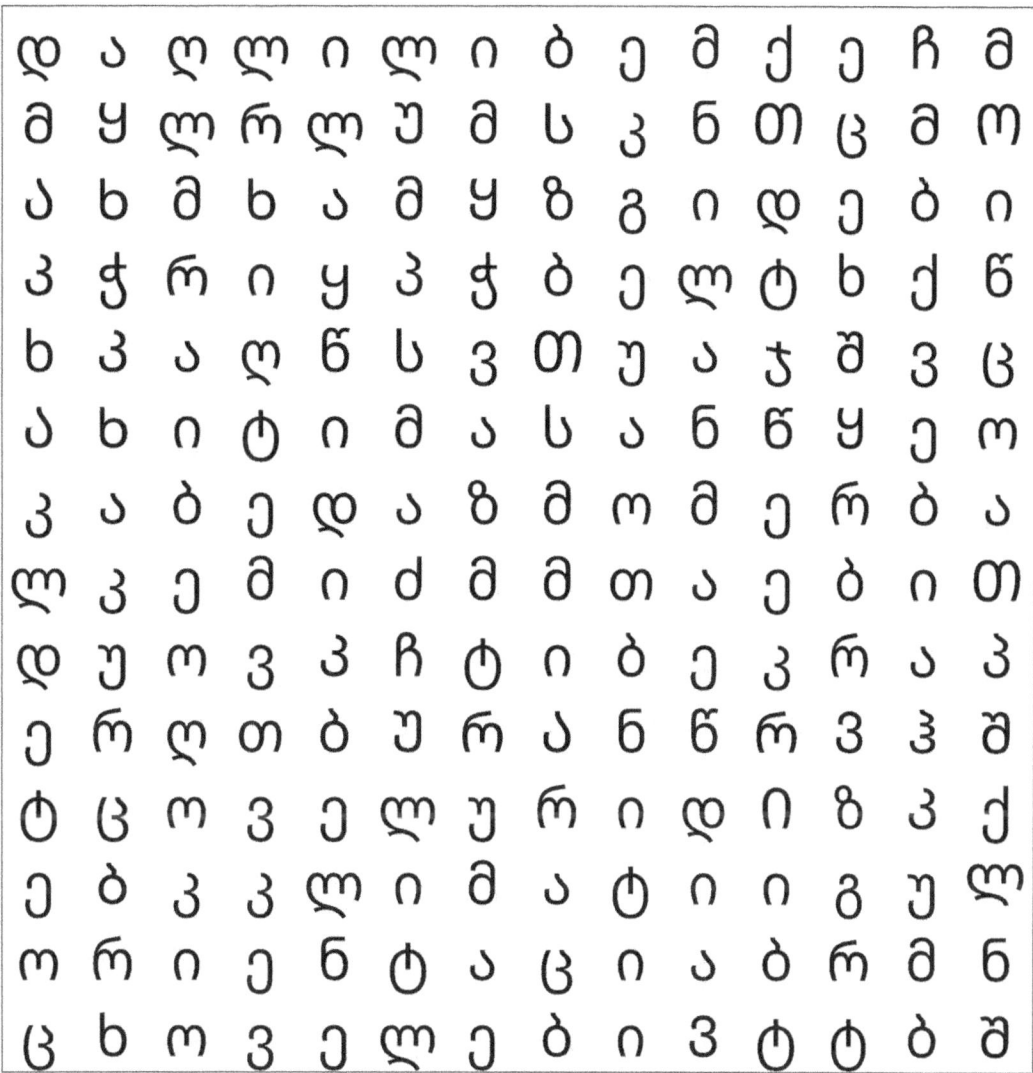

დ	ა	ლ	ლ	ი	ლ	ი	ბ	ე	მ	ქ	ე	ჩ	მ
მ	ყ	ლ	რ	ლ	უ	მ	ს	კ	ნ	თ	ც	მ	ო
ა	ხ	მ	ხ	ა	მ	ყ	ზ	გ	ი	დ	ე	ბ	ი
პ	ჭ	რ	ი	ყ	პ	ჭ	ბ	ე	ლ	ტ	ხ	ქ	წ
ხ	პ	ა	დ	წ	ს	ვ	თ	უ	ა	ჯ	შ	ვ	ც
ა	ხ	ი	ტ	ი	მ	ა	ს	ა	ნ	წ	ყ	ე	ო
კ	ა	ბ	ე	დ	ა	ზ	მ	ო	მ	ე	რ	ბ	ა
ლ	კ	ე	მ	ი	ძ	მ	მ	თ	ა	ე	ბ	ი	თ
დ	უ	ო	ვ	პ	ჩ	ტ	ი	ბ	ე	კ	რ	ა	პ
ე	რ	ლ	თ	ბ	უ	რ	ა	ნ	წ	რ	ვ	ჰ	შ
ტ	ც	ო	ვ	ე	ლ	უ	რ	ი	დ	ი	ზ	პ	ქ
ე	ბ	კ	კ	ლ	ი	მ	ა	ტ	ი	ი	გ	უ	ლ
ო	რ	ი	ე	ნ	ტ	ა	ც	ი	ა	ბ	რ	მ	ნ
ც	ხ	ო	ვ	ე	ლ	ე	ბ	ი	ვ	ტ	ტ	ბ	შ

ცხოველები
ჩექმები
კლდე
კლიმატი
გიდები
მძიმე
რუკა
კოლოები
მთა
ბუნება
ორიენტაცია
პარკები
მომზადება
ქვები
სამიტი
მზე
დალლილი
წყალი
ამინდი
ველური

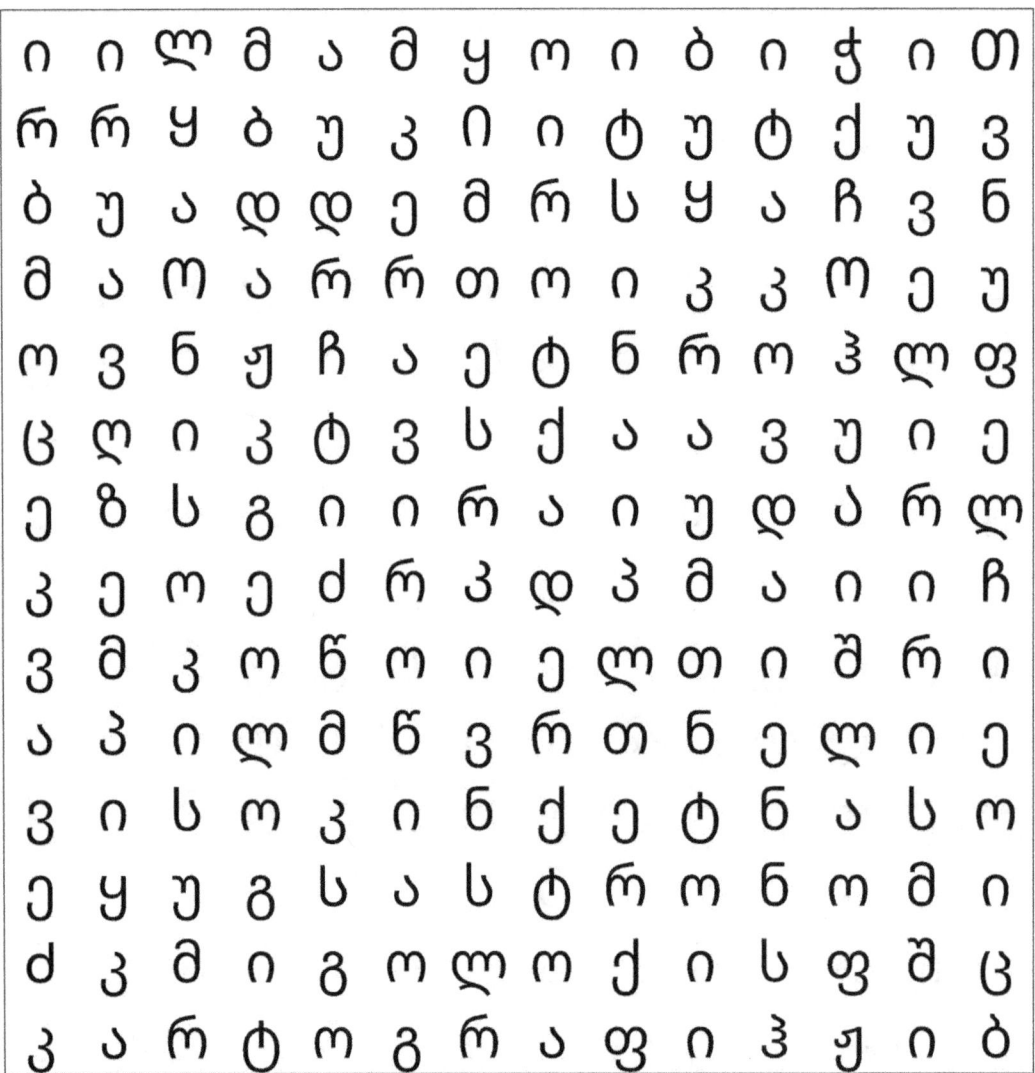

70 - Professions #1

ი	ი	ლ	მ	ა	მ	ყ	ო	ი	ბ	ი	ჭ	ი	ხ
რ	რ	ყ	ბ	უ	კ	ღ	ი	ტ	უ	ტ	ქ	უ	ვ
ბ	უ	ა	დ	დ	ე	მ	რ	ს	ყ	ა	ჩ	ვ	ნ
მ	ა	ხ	ა	რ	რ	თ	ო	ი	კ	კ	ხ	ე	უ
ო	ვ	ნ	ჟ	ჩ	ა	ე	ტ	ნ	რ	ო	ჰ	ლ	ფ
ც	ლ	ი	კ	ტ	ვ	ს	ქ	ა	ა	ვ	უ	ი	ე
ე	ზ	ს	გ	ი	ი	რ	ა	ი	უ	დ	ა	რ	ლ
კ	ე	ო	ე	ძ	რ	პ	დ	პ	მ	ა	ი	ი	ჩ
ვ	მ	კ	ო	წ	ო	ი	ე	ლ	თ	ი	შ	რ	ი
ა	პ	ი	ლ	მ	წ	ვ	რ	თ	ნ	ე	ლ	ი	ე
ვ	ი	ს	ო	კ	ი	ნ	ქ	ე	ტ	ნ	ა	ს	ო
ე	ყ	უ	გ	ს	ა	ს	ტ	რ	ო	ნ	ო	მ	ი
ძ	კ	მ	ი	გ	ო	ლ	ო	ქ	ი	ს	ფ	შ	ც
კ	ა	რ	ტ	ო	გ	რ	ა	ფ	ი	ჰ	ჟ	ი	ბ

ელჩი
ასტრონომი
ადვოკატი
ბანკირი
კარტოგრაფი
მწვრთნელი
მოცეკვავე
ექიმი
რედაქტორი
გეოლოგი
მონადირე
იუველირი
მუსიკოსი
მედდა
პიანისტი
სანტექნიკოსი
ფსიქოლოგი
მეზღვაური
მკერავი

71 - Barbecues

ჩ	რ	ჩ	ჩ	შ	ჟ	Ო	ვ	ი	ღ	შ	შ	გ	გ
ა	ძ	რ	ბ	დ	ა	ნ	ე	ბ	ი	ი	ლ	რ	ხ
ნ	ი	ბ	ე	რ	ბ	ო	გ	ე	მ	მ	ფ	ი	რ
გ	ლ	ბ	რ	პ	ძ	Ი	ი	შ	ა	შ	ი	ლ	მ
ლ	უ	ა	ძ	Ყ	ი	ბ	ლ	ა	თ	ი	მ	ი	თ
ე	ხ	ვ	ფ	წ	ხ	ბ	უ	მ	ა	ლ	ა	ლ	გ
ბ	ფ	შ	ბ	Ყ	ა	ჯ	ე	ა	ქ	ი	რ	ე	ჯ
ი	ა	ვ	ფ	ვ	ჯ	Ა	ნ	თ	ი	ლ	ი	ხ	ვ
ხ	ზ	ე	ბ	ზ	ო	Უ	ტ	ფ	ა	ი	ლ	ც	ა
ვ	Ყ	ბ	წ	Ო	პ	ძ	Ს	Ა	კ	ლ	ი	პ	ხ
ბ	ჭ	ი	ჭ	ვ	მ	ყ	ო	ჭ	ი	შ	ა	ჰ	შ
ფ	Ა	მ	ჭ	ღ	ყ	ქ	ბ	ი	ს	უ	ო	ს	ა
ს	ა	კ	ვ	ე	ბ	ი	ი	ს	უ	პ	ს	კ	მ
ს	კ	ო	ი	ი	რ	ო	დ	ი	მ	ო	პ	ა	ი

ქათამი
ბავშვები
ვახშამი
ოჯახი
საკვები
ჩანგლები
მეგობრები
ხილი
თამაშები
გრილი
ცხელი
შიმშილი
დანები
მუსიკა
სალათები
მარილი
სოუსი
ზაფხული
პომიდორი
ბოსტნეული

72 - Vegetables

ი	ხ	ბ	ძ	ო	ტ	უ	რ	ფ	ა	ყ	ხ	ო	ა
ვ	შ	ა	ი	ხ	ა	ნ	ა	პ	ს	ი	თ	ხ	რ
რ	ჩ	რ	ლ	რ	ჭ	გ	ვ	შ	ქ	რ	ა	ს	ტ
წ	ბ	დ	ო	ა	რ	გ	ო	გ	შ	ჯ	ჩ	ო	ი
კ	ო	ა	კ	ხ	თ	ხ	ტ	ი	ს	ს	კ	კ	შ
ბ	ყ	ი	ო	უ	ს	ტ	ა	ფ	ი	ლ	ო	ო	ო
მ	ხ	ქ	რ	შ	პ	ტ	შ	ხ	თ	ნ	ქ	ბ	კ
შ	ჯ	პ	ბ	ი	ი	რ	უ	ხ	ა	ი	ნ	ქ	ი
ი	ნ	ა	ჯ	ი	რ	დ	ა	ბ	ლ	ო	ღ	ყ	ტ
ს	წ	ჭ	კ	ზ	ხ	ო	ა	ტ	ა	რ	წ	წ	ო
რ	ა	ო	ხ	ა	ხ	ვ	ი	რ	ს	ი	წ	წ	ლ
ჭ	ც	კ	ზ	ე	თ	ი	ს	ხ	ი	ლ	ი	ს	ა
პ	ს	რ	თ	ა	ყ	ჟ	შ	დ	ე	ჰ	ძ	ი	შ
კ	ი	ტ	რ	ი	რ	ო	დ	ი	მ	ო	პ	თ	ი

არტიშოკი
ბროკოლი
სტაფილო
ნიახური
კიტრი
ბადრიჯანი
ნიორი
კოჭა
სოკო
ზეთისხილის

ხახვი
ოხრახუში
ბარდა
გოგრა
რადიშ
სალათი
შალოტი
ისპანახი
პომიდორი
ტურფა

73 - The Media

ფ	გ	ა	მ	ო	ც	ე	მ	ა	ზ	მ	კ	ფ	დ
ო	ი	დ	ა	რ	კ	ი	ყ	უ	ა	ზ	ხ	ა	ა
ტ	ც	რ	ჟ	უ	რ	ნ	ა	ლ	ე	ბ	ი	ქ	ფ
ო	ო	ი	ბ	მ	გ	ო	ტ	ლ	ს	ც	ბ	ტ	ი
ე	ი	ნ	ფ	რ	ვ	ა	ა	ი	რ	ზ	ა	ე	ნ
ბ	ბ	კ	ლ	რ	ჰ	ც	ზ	ბ	პ	ძ	ჟ	ბ	ა
ი	ე	ბ	ვ	ა	უ	წ	ძ	ე	ზ	ქ	კ	ი	ნ
ა	თ	გ	წ	ვ	ი	ლ	უ	მ	თ	ტ	ბ	შ	ს
ს	ა	ჯ	ა	რ	ო	ნ	ი	ა	ტ	ე	უ	ფ	ე
ზ	რ	უ	ჰ	შ	ჭ	ბ	ქ	ლ	ვ	ო	ბ	ზ	ბ
ჩ	უ	ქ	ს	ე	ლ	ი	ს	კ	კ	ლ	ხ	ი	ა
ი	ს	მ	რ	ა	ბ	ო	ლ	ე	ვ	წ	ე	რ	მ
შ	ხ	ჯ	ი	ლ	უ	ი	ც	რ	ე	მ	ო	კ	წ
კ	ო	მ	უ	ნ	ი	კ	ა	ც	ი	ა	ხ	დ	ი

რეკლამები
კომერციული
კომუნიკაცია
ციფრული
გამოცემა
ფაქტები
დაფინანსება
სურათები
მრეწველობა
ჟურნალები
ქსელი
გაზეთები
ონლაინ
აზრი
ფოტოები
საჯარო
რადიო

74 - Boats

თ	შ	ტ	ფ	ა	რ	ტ	ბ	ა	ძ	ქ	ყ	ზ	შ
ს	პ	ი	კ	ა	ი	ა	კ	შ	ყ	ვ	ზ	ი	ლ
მ	ი	ვ	ს	ვ	ნ	ა	მ	ყ	ვ	ა	ნ	ი	ჭ
პ	ა	ტ	ხ	ა	ი	ჯ	ყ	ძ	ქ	რ	ს	მ	ი
ბ	ლ	ი	ი	რ	უ	ა	ვ	ღ	ზ	ე	მ	უ	უ
ჟ	წ	ვ	ა	ძ	ჩ	ა	ყ	შ	მ	წ	წ	ბ	კ
ტ	ო	ა	ვ	ღ	ზ	ა	ს	ზ	ი	რ	ხ	ო	ა
მ	ა	ც	შ	ი	მ	თ	ა	ლ	ღ	ყ	ე	რ	ნ
დ	ა	ლ	ვ	მ	ვ	ჭ	ჩ	ჟ	ს	ვ	ნ	ა	ო
ი	ნ	ე	ღ	ტ	თ	ო	კ	ი	ს	უ	ა	ნ	ე
ნ	ძ	ლ	ი	ე	ა	ც	ლ	ფ	ი	ნ	ე	ი	მ
ა	ა	თ	ლ	ჟ	ბ	ლ	ქ	გ	დ	მ	კ	მ	ჯ
რ	მ	ფ	ო	თ	წ	ი	ღ	ძ	ო	შ	ო	წ	მ
ე	ე	კ	ი	პ	ა	ჟ	ი	ა	კ	ძ	ღ	ყ	თ

წამყვანი
ტივტივა
კანოე
ეკიპაჟი
დოკ
ძრავა
ბორანი
კაიაკი
ტბა
ანძა
საზღვაო
ოკეანე
რაფტ
მდინარე
თოკი
მეზღვაური
ზღვა
ტალღა
ტალღები
იახტა

75 - Activities and Leisure

ჰ	პ	ჭ	ი	მ	ფ	ე	ხ	ბ	უ	რ	თ	ი	დ
ხ	ო	გ	გ	ძ	ე	ვ	წ	ქ	ო	ძ	პ	ჯ	ა
ე	ჩ	ბ	ნ	დ	ტ	ბ	ფ	ჯ	ო	ხ	ხ	ქ	ი
ლ	ო	ხ	ი	ა	ძ	თ	ა	ლ	ო	ბ	რ	ც	ვ
ო	გ	ლ	ფ	ს	თ	ს	რ	ღ	ყ	თ	ძ	უ	ი
ვ	ბ	პ	რ	ვ	შ	ე	ც	ხ	ე	ნ	მ	რ	ნ
ნ	უ	შ	ე	ე	თ	ჰ	ვ	ო	ტ	ო	თ	ვ	გ
ე	რ	ჯ	ს	ნ	ქ	ყ	შ	ზ	ვ	ლ	ბ	ა	ი
ბ	თ	წ	თ	ე	ა	ს	ც	ო	ა	მ	თ	ა	ბ
ა	ი	ლ	ო	ბ	ს	ი	ე	ბ	მ	ო	ლ	ბ	ს
ნ	ჟ	ე	ბ	ა	უ	ც	ლ	ი	ს	კ	ბ	მ	ე
ფ	ე	რ	წ	ე	რ	ა	წ	გ	წ	ი	შ	ა	ვ
კ	ა	ლ	ა	თ	ბ	უ	რ	თ	ი	ფ	ლ	ო	გ
კ	რ	ი	ვ	ი	ლ	ა	შ	ქ	რ	ო	ბ	ა	ლ

ხელოვნება
ბეისბოლი
კალათბურთი
კრივი
დაივინგი
თევზაობა
მებაღეობა
გოლფი
ლაშქრობა
ჰობი
ფერწერა
რბოლა
დასვენება
ფეხბურთი
სერფინგი
ცურვა
ჩოგბურთი

76 - Driving

ლ	უ	ზ	ფ	მ	ს	ა	ი	ც	ი	ლ	ო	პ	უ
ბ	ი	Ი	ლ	ჩ	ძ	შ	ღ	მ	ს	ა	ხ	Ა	ს
პ	ლ	ც	Ო	ჟ	ო	ღ	ჟ	ე	Ა	ჯ	ე	ჟ	ა
Თ	შ	ბ	ე	Ო	ლ	Ა	ო	ძ	ღ	ც	ფ	კ	ფ
ა	ნ	ა	ქ	ნ	ა	მ	Ა	ლ	წ	ბ	ლ	ე	რ
ქ	უ	ჩ	ა	ს	ზ	ს	Თ	ჩ	ი	ზ	ა	გ	თ
ძ	ო	Ა	ზ	ხ	ს	ი	ა	კ	უ	რ	ც	ჰ	ხ
მ	Ვ	ვ	გ	Ვ	Უ	ხ	ა	ტ	შ	ქ	ა	ქ	ო
ს	ი	ჩ	ქ	ა	რ	ე	უ	ჭ	ვ	ლ	ს	ე	ე
ს	ა	ფ	რ	თ	ხ	ე	ძ	ვ	ზ	ი	რ	დ	ბ
Ი	Ი	Უ	Ყ	თ	ვ	ი	კ	ი	ფ	ა	რ	ტ	ა
ა	ვ	ტ	ო	ფ	ა	რ	ე	ხ	ი	ჰ	თ	თ	ხ
ს	ა	ა	ვ	ტ	ო	მ	ო	ბ	ი	ლ	ო	ო	ო
ფ	ს	ა	წ	ვ	ა	ვ	ი	წ	ბ	წ	ჭ	ლ	ჰ

მანქანა
საფრთხე
მძღოლი
საწვავი
ავტოფარეხი
გაზი
ლიცენზია
რუკა
საავტომობილო
საცალფეხო
პოლიცია
გზა
უსაფრთხოება
სიჩქარე
ქუჩა
ტრაფიკი
სატვირთო

77 - Professions #2

ფ	ი	ლ	ო	ს	ო	ფ	ო	ს	ი	ფ	ს	ჰ	კ
ც	ი	რ	ე	ი	ნ	ც	ე	მ	თ	ა	ნ	ე	ც
მ	ლ	მ	ხ	ა	ტ	ვ	ა	რ	ი	ღ	ჭ	კ	წ
ფ	ე	ბ	ი	ბ	ლ	ი	ო	თ	ე	კ	ა	რ	ი
ო	ბ	ბ	ჟ	უ	რ	ნ	ა	ლ	ი	ს	ტ	ი	კ
ტ	ე	ჰ	ა	ბ	ი	ო	ლ	ო	გ	ი	გ	ა	კ
ო	ლ	ჩ	თ	ღ	ზ	ო	ო	ლ	ო	გ	ი	ზ	ო
გ	ვ	პ	ი	რ	ე	ნ	ი	ჟ	ნ	ი	ვ	შ	ქ
რ	ა	ნ	ი	რ	ო	ტ	ა	რ	ტ	ს	უ	ლ	ი
ა	წ	ჰ	მ	ლ	ქ	ი	რ	უ	რ	გ	ი	ა	ე
ფ	ს	ჩ	ი	გ	ო	ლ	ო	ტ	ა	მ	ო	ტ	ს
ი	ა	ბ	ქ	წ	დ	ტ	ფ	ე	რ	მ	ე	რ	ი
ძ	მ	უ	ე	ყ	ი	ვ	ი	ტ	ქ	ე	ტ	ე	დ
ა	ს	ტ	რ	ო	ნ	ა	ვ	ტ	ი	ძ	ბ	ზ	რ

ასტრონავტი
ბიოლოგი
სტომატოლოგი
დეტექტივი
ინჟინერი
ფერმერი
მებაღე
ილუსტრატორი
ჟურნალისტი
ბიბლიოთეკარი
ენათმეცნიერი
მხატვარი
ფილოსოფოსი
ფოტოგრაფი
ექიმი
პილოტი
ქირურგი
მასწავლებელი
ზოოლოგი

78 - Mythology

რ	ი	ჰ	ჰ	ქ	წ	ო	წ	პ	რ	ს	ჰ	მ	კ
ლ	პ	ძ	ლ	ც	ი	ჯ	შ	ლ	ი	ა	ე	ო	ა
ძ	ი	ჯ	ე	ე	რ	ხ	ა	რ	ბ	რ	რ	კ	ტ
ი	ტ	წ	გ	ვ	ა	წ	უ	ქ	ე	ს	ო	ვ	ა
ე	ე	პ	ე	ა	მ	ც	ო	წ	ბ	ე	ი	დ	ს
ჭ	ქ	კ	ნ	ყ	ო	ი	მ	ო	ე	ბ	ნ	ა	ტ
ვ	რ	უ	დ	შ	ე	ქ	მ	ნ	ა	ა	ი	ვ	რ
ი	ა	ლ	ა	ძ	მ	თ	თ	ს	თ	ე	ჩ	ი	ო
ა	უ	ტ	რ	წ	მ	ე	ნ	ა	ვ	კ	ლ	ა	ფ
ნ	ს	უ	ჟ	ჟ	ი	ა	ფ	ჩ	ლ	ძ	წ	ვ	ა
ო	შ	რ	ლ	ა	ბ	ი	რ	ი	ნ	თ	ი	ბ	ა
ბ	ძ	ა	მ	ო	ნ	ს	ტ	რ	ი	რ	ი	მ	გ
ა	ფ	ფ	ყ	უ	კ	ვ	დ	ა	ვ	ე	ბ	ა	ც
შ	ა	შ	უ	რ	ი	ს	ძ	ი	ე	ბ	ა	უ	ჩ

არქეტიპი
ქცევა
რწმენა
შექმნა
არსება
კულტურა
ღვთაებები
კატასტროფა
გმირი
ჰეროინი
უკვდავება
ეჭვიანობა
ლაბირინთი
ლეგენდა
ელვა
მონსტრი
მოკვდავი
შურისძიება
ძალა
მეომარი

79 - Hair Types

გ	ს	რ	მ	თ	დ	თ	ხ	ე	ლ	ი	გ	კ	ხ
ყ	ა	ვ	ი	ს	ფ	ე	რ	ი	გ	შ	ლ	ფ	ბ
ყ	ი	რ	ვ	ზ	ო	ჟ	პ	თ	ა	ბ	უ	ე	მ
პ	ი	ბ	ე	ლ	უ	ე	ვ	ხ	ვ	მ	ვ	რ	ქ
ხ	ღ	ი	რ	ხ	შ	დ	ტ	ი	ს	შ	ი	ა	რ
მ	ა	ლ	ც	ვ	ძ	თ	ყ	ს	შ	ი	ნ	დ	ბ
ე	ს	ა	ხ	ე	ყ	ე	ყ	ნ	ქ	ბ	ხ	ი	ი
ლ	ნ	რ	ლ	უ	მ	ზ	უ	ა	ა	ე	ა	ნ	ლ
ო	ა	შ	ი	ლ	ჟ	რ	ტ	ხ	ფ	ტ	ლ	მ	ი
ტ	ჯ	მ	ა	ი	ვ	დ	ტ	დ	მ	ნ	მ	ი	გ
ი	ლ	ბ	ო	ვ	ჯ	კ	პ	ი	ს	ე	ჩ	ა	თ
ქ	ე	რ	ა	კ	ი	შ	შ	დ	დ	ლ	ი	წ	კ
თ	ე	თ	რ	ი	ლ	მ	ბ	ზ	ი	ნ	ა	ვ	ი
ა	უ	ყ	კ	ი	რ	ე	ფ	ს	ი	რ	ც	ა	ნ

მელოტი
შავი
ქერა
ლენტები
ყავისფერი
ფერადი
ხვეულები
□□□□□□
მშრალი
ნაცრისფერი
ჯანსალი
დიდხანს
მბზინავი
მოკლე
ვერცხლი
გლუვი
რბილი
სქელი
თხელი
თეთრი

80 - Garden

ა	პ	ჰ	გ	ყ	მ	ყ	რ	ჭ	პ	ნ	ვ	ძ	Ი
შ	ზ	ა	Უ	Თ	ქ	ი	ვ	ხ	Ო	ი	რ	ა	დ
პ	ნ	მ	ჩ	ი	ხ	ე	რ	ა	ფ	ო	ტ	ვ	ა
შ	ა	ა	წ	ო	გ	ხ	ე	ს	ვ	ს	რ	ვ	ო
ვ	Ი	კ	ც	ხ	ს	თ	ბ	ა	Უ	ი	ღ	ა	ბ
ნ	ე	ი	შ	უ	ბ	ხ	ო	რ	წ	ტ	ლ	წ	ძ
რ	ჭ	რ	ბ	Ყ	მ	ი	ღ	ე	ჭ	უ	ე	ი	ნ
პ	ყ	წ	ა	ა	ბ	ნ	ძ	ტ	Ვ	ტ	ვ	მ	ლ
წ	ჯ	Ყ	ს	ნ	ლ	ჩ	ჩ	რ	ჯ	ა	ო	ა	ა
ჭ	პ	ი	გ	ა	დ	ა	ი	ნ	Უ	ბ	შ	კ	წ
ნ	ქ	თ	Ი	ა	პ	ა	ხ	ა	უ	ზ	ი	ს	წ
ს	ა	რ	ე	ვ	ე	ლ	ა	ი	ნ	ო	ზ	ა	გ
ძ	ს	ა	კ	ო	მ	ი	ს	ი	ო	ვ	ა	ზ	ი
ქ	ხ	ტ	ხ	უ	ჟ	შ	ლ	ა	ნ	გ	ი	ც	პ

სკამი
ბუში
ღობე
ყვავილი
ავტოფარეხი
ბალი
ბალახი
ჰამაკი
შლანგი
გაზონი
აუზი
ვერანდა
საკომისიო
შოველ
ნიადაგი
ტერასა
ბატუტი
ხე
ვაზი
სარეველა

81 - Diplomacy

რ	ე	ზ	ო	ლ	უ	ც	ი	ა	ს	მ	ს	გ	კ
დ	ა	კ	ი	ტ	ი	ლ	ო	პ	ა	ო	ა	ა	ო
უ	ი	ლ	ე	ვ	ე	ჩ	რ	მ	მ	ქ	ზ	მ	ნ
ს	ს	პ	ნ	მ	ლ	კ	ვ	ლ	ო	ა	ო	ო	ფ
ა	უ	მ	ლ	ც	ლ	შ	კ	თ	ქ	ლ	გ	ს	ლ
ფ	კ	თ	ა	ო	ე	ჰ	ფ	ფ	ა	ა	ა	ა	ი
რ	ს	ლ	ი	მ	მ	ლ	ი	მ	ლ	ქ	დ	ვ	ქ
თ	ი	ი	ს	თ	ე	ა	ჩ	ც	ა	ე	ო	ა	ტ
ხ	დ	ა	ა	ა	თ	ხ	ტ	ი	ქ	ე	ე	ლ	ი
ო	მ	ნ	ე	ვ	ი	პ	ხ	ი	ო	ბ	ბ	ი	ყ
ე	ტ	ო	ლ	რ	კ	უ	ფ	ს	უ	ი	ა	წ	თ
ბ	ქ	ბ	ჩ	ო	ა	მ	უ	ნ	უ	რ	კ	წ	ყ
ა	ო	ა	ო	ბ	ლ	ვ	უ	ჭ	ბ	გ	ი	შ	ს
ა	ბ	ო	ნ	ა	ი	ლ	თ	რ	ა	მ	ა	ს	ნ

მრჩეველი
ელჩი
მოქალაქეები
სამოქალაქო
საზოგადოება
კონფლიქტი
დიპლომატიური
დისკუსია
საელჩო
ეთიკა
მთავრობა
მთლიანობა
სამართლიანობა
პოლიტიკა
რეზოლუცია
უსაფრთხოება
გამოსავალი

82 - Countries #1

ო	რ	ლ	მ	ყ	უ	კ	შ	ხ	ტ	ყ	ხ	რ	პ
კ	ჰ	ღ	ი	ვ	ი	ლ	ა	გ	ე	ნ	ე	ს	ო
ვ	ჩ	ნ	ლ	უ	ყ	ი	ი	ნ	ი	ს	ძ	ნ	ლ
ვ	ე	ნ	ე	ს	უ	ე	ლ	ა	ა	შ	პ	ი	ო
რ	თ	ფ	ა	ლ	მ	რ	ა	ი	პ	დ	რ	კ	ნ
ე	უ	ხ	რ	ჭ	ი	ყ	ტ	ლ	ა	ა	ა	ა	ე
ს	ნ	მ	ს	წ	ყ	ბ	ი	ი	ნ	რ	ი	რ	თ
პ	ო	ე	ი	ც	ა	ო	ი	ზ	ა	ყ	ნ	ა	ი
ა	რ	გ	წ	ნ	რ	ჩ	მ	ა	მ	ლ	ა	გ	ზ
ნ	ვ	ვ	რ	ა	ე	ვ	დ	რ	ა	ზ	მ	უ	უ
ე	ე	ი	ხ	ე	ო	თ	ქ	ბ	ჯ	ტ	რ	ა	პ
თ	გ	პ	ც	უ	უ	ვ	ი	ფ	ი	ნ	ე	თ	ი
ი	ი	ტ	ლ	ა	ტ	ვ	ი	ა	ო	შ	გ	რ	პ
ო	ა	ე	მ	ა	რ	ო	კ	ო	მ	რ	ვ	ბ	თ

ბრაზილია
კანადა
ეგვიპტე
ფინეთი
გერმანია
ერაყი
ისრაელი
იტალია
ლატვია
ლიბია
მაროკო
ნიკარაგუა
ნორვეგია
პანამა
პოლონეთი
რუმინეთი
სენეგალი
ესპანეთი
ვენესუელა

83 - Adjectives #1

ა	ე	გ	ზ	ო	ტ	ი	კ	უ	რ	ი	თ	პ	თ
რ	ს	ე	რ	ი	ო	ზ	უ	ლ	ი	ლ	ხ	ა	ა
ო	ლ	ბ	ე	გ	რ	ა	ს	ა	ს	ე	ე	ტ	ნ
მ	ი	ხ	ი	ა	მ	მ	თ	ი	ა	ნ	ლ	ი	ა
ა	მ	დ	რ	ე	ბ	ა	ო	ვ	ხ	ბ	ი	ო	მ
ტ	ლ	ძ	ე	კ	ვ	ს	მ	ხ	ჰ	ც	ლ	ს	ე
უ	ა	ს	ი	ნ	ზ	ა	ო	უ	ფ	ნ	ე	ა	დ
ლ	მ	ც	ნ	მ	ტ	შ	ყ	ლ	ყ	ძ	ნ	ნ	რ
ი	ა	გ	დ	ლ	ე	უ	ლ	უ	უ	ფ	ო	ი	ო
ი	ზ	ა	ე	ბ	შ	ა	რ	გ	გ	ტ	ჩ	ძ	ვ
ვ	ი	შ	ბ	ლ	ზ	ჩ	ი	ი	თ	ნ	უ	ი	ე
პ	უ	ზ	ა	რ	მ	ა	ზ	ა	რ	ი	ს	რ	მ
ა	მ	ბ	ი	ც	ი	უ	რ	ი	ხ	ა	გ	უ	ი
მ	ი	მ	ზ	ი	დ	ვ	ე	ლ	ი	ჩ	ბ	ხ	მ

ამბიციური
მიმზიდველი
ეგზოტიკური
უზარმაზარი
სერიოზული

84 - Landscapes

ვ	კ	ს	ყ	ო	ტ	ო	კ	ლ	მ	ვ	ჟ	შ	ყ
ე	ვ	ლ	ო	ბ	ბ	ა	ვ	ლ	ზ	გ	ძ	ყ	ნ
ლ	უ	უ	დ	გ	ა	ზ	კ	უ	ნ	ძ	უ	ლ	ი
ი	ლ	ხ	ლ	ე	რ	ი	გ	ე	ი	ზ	ე	რ	ი
ხ	კ	ყ	ვ	ჭ	დ	ს	ი	შ	მ	ლ	ნ	ვ	მ
თ	ა	დ	ჟ	ძ	ნ	ი	რ	ა	ვ	ნ	ი	ყ	მ
ხ	ნ	მ	ა	წ	უ	ჩ	ა	ნ	ჩ	ქ	ე	რ	ი
ჩ	ი	ჟ	ლ	რ	ტ	გ	ა	შ	ვ	წ	მ	რ	ვ
მ	ჰ	ს	პ	ვ	უ	პ	ო	უ	დ	ა	ბ	ნ	ო
გ	თ	ს	ლ	ლ	ი	შ	ბ	ო	ა	ჭ	ო	ა	ი
ს	გ	ა	ა	ჭ	ი	მ	მ	დ	ი	ნ	ა	რ	ე
ზ	რ	რ	ჟ	ძ	ფ	ყ	ე	ნ	ა	ე	კ	ო	ძ
პ	კ	ხ	ი	ა	ი	ს	ბ	ე	რ	გ	ი	გ	ი
ჰ	ქ	შ	უ	ო	ე	ჟ	კ	თ	ვ	ბ	ხ	ო	თ

პლაჟი
მღვიმე
კლდე
უდაბნო
გეიზერი
მყინვარი
გორა
აისბერგი
კუნძული
ტბა
მთა
ოაზისი
ოკეანე
მდინარე
ზღვა
ჭაობში
ტუნდრა
ველი
ვულკანი
ჩანჩქერი

85 - Plants

ყ	ვ	ა	ვ	ი	ლ	ი	ვ	ს	ე	ფ	ბ	პ	ხ
უ	ი	ხ	ხ	ღ	ზ	რ	დ	ა	ვ	ბ	ა	ა	ზ
ს	ა	ჯ	შ	ა	მ	ე	ძ	ს	ი	ჩ	ლ	ხ	Ი
უ	წ	ე	ხ	ბ	ვ	ბ	ლ	უ	ქ	ბ	ა	ჩ	ღ
პ	ე	ტ	ა	ლ	ი	ს	ს	ქ	ბ	ჟ	ხ	შ	ე
ბ	ი	ჟ	ლ	ყ	ხ	ბ	ი	ი	უ	ხ	ი	ლ	რ
ლ	ო	ყ	მ	შ	უ	გ	კ	ხ	შ	Ი	ჩ	წ	ო
ფ	ო	ტ	კ	ღ	პ	ჭ	უ	ხ	ი	ჯ	Ვ	ტ	ვ
ყ	ლ	ბ	ა	Თ	გ	ი	ბ	ე	ლ	თ	ო	ფ	ა
ჟ	ნ	ი	ი	ნ	ტ	ხ	მ	ფ	ლ	ო	რ	ა	ნ
ვ	ს	შ	ც	ო	ი	ხ	ა	წ	ზ	უ	თ	გ	ი
უ	ლ	ყ	რ	ტ	ც	კ	ბ	გ	პ	ძ	თ	ჯ	ზ
მ	ხ	ღ	Ი	ყ	შ	რ	ა	ჟ	ფ	დ	კ	ხ	ხ
მ	რ	დ	ნ	ე	კ	ა	ქ	ტ	უ	ს	ი	ე	წ

ბამბუკი
ლობიო
ბერი
ბოტანიკა
ბუში
კაქტუსი
სასუქი
ფლორა
ყვავილი
ფოთლები
ტყე
ბალი
ბალახი
აივ
ხავსი
პეტალი
ფესვი
ღეროვანი
ხე

86 - Boxing

კ	ი	ლ	უ	ე	ხ	ს	ს	რ	ჭ	კ	ნ	მ	ჸ
ჩ	ბ	ყ	რ	ს	ა	ს	ჳ	კ	რ	უ	ი	ო	ძ
კ	ე	ა	ღ	დ	გ	ე	ნ	ა	მ	თ	კ	წ	ჵ
უ	ნ	ა	რ	ი	ჯ	ა	ს	მ	ე	ხ	ა	ი	პ
ძ	ა	მ	ი	თ	შ	ჸ	ტ	კ	ბ	ე	პ	ნ	ვ
გ	მ	ყ	ბ	წ	ლ	ყ	ჵ	ძ	რ	შ	ი	ა	ჳ
ქ	თ	ტ	ი	დ	ა	ყ	ვ	ი	ძ	ს	ლ	ა	ფ
უ	ა	რ	ტ	ბ	ა	ს	ძ	ფ	ო	ჰ	ი	ღ	ო
ლ	თ	ა	შ	დ	ე	მ	წ	ა	ლ	ა	ძ	მ	კ
ე	ლ	დ	უ	ჭ	ჭ	კ	ო	რ	ი	კ	ჵ	დ	უ
ბ	ე	კ	მ	ღ	წ	შ	ო	წ	ა	ც	ბ	ე	ს
ი	ხ	ბ	ე	ლ	ი	ხ	ყ	თ	ჳ	ფ	ჟ	გ	ი
მ	ს	ყ	ე	შ	დ	ლ	ზ	შ	რ	რ	ი	ე	თ
დ	ა	ზ	ი	ა	ნ	ე	ბ	ე	ბ	ი	ა	კ	ო

ბელი
სხეული
ნიკაპი
კუთხე
იდაყვი
ამოწურა
მებრძოლი
მუშტი
ფოკუსი
ხელთათმანები
დაზიანებები
დარტყმა
მოწინააღმდეგე
ქულები
სწრაფი
აღდგენა
მსაჯი
თოკები
უნარი
ძალა

87 - Countries #2

კ	ფ	ხ	ს	ე	თ	ი	ო	პ	ი	ა	ჩ	ა	ა
ჯ	ჩ	უ	კ	ო	თ	ტ	რ	უ	ს	ე	თ	ი	ლ
ც	პ	ვ	ი	ფ	მ	ი	ს	თ	თ	ხ	ნ	ნ	ბ
თ	წ	ლ	ღ	ჰ	ვ	ა	ჯ	რ	თ	ლ	ი	ა	ა
ი	ყ	პ	ყ	კ	ლ	ჰ	ლ	ა	ს	ი	გ	დ	ნ
ლ	ა	კ	ი	ს	ქ	ე	მ	ი	ა	ბ	ე	მ	ე
ა	ი	მ	ნ	თ	ე	ს	ძ	ნ	ბ	ა	რ	ქ	თ
პ	რ	უ	ა	ი	რ	ი	ს	ო	ე	ნ	ი	პ	ი
ე	ე	კ	ტ	ი	ზ	ჭ	ჰ	პ	რ	ი	ა	თ	მ
ნ	ბ	რ	ს	შ	კ	ლ	ხ	ა	ძ	მ	ჩ	რ	ღ
შ	ი	ა	ი	ს	ო	ა	ლ	ი	ნ	ა	დ	უ	ს
დ	ლ	ი	კ	შ	კ	ც	ბ	ძ	ე	ლ	წ	ც	ს
უ	ჭ	ნ	ა	დ	ნ	ა	გ	უ	თ	მ	ვ	წ	ჯ
ხ	ყ	ა	პ	უ	ლ	ც	შ	წ	ი	ჩ	ფ	ფ	ჰ

ალბანეთი
დანია
ეთიოპია
საბერძნეთი
ჰაიტი
იამაიკა
იაპონია
ლაოსი
ლიბანი
ლიბერია
მექსიკა
ნეპალი
ნიგერია
პაკისტანი
რუსეთი
სომალი
სუდანი
სირია
უგანდა
უკრაინა

88 - Ecology

დ	ს	ჯ	ბ	ძ	ძ	ა	ზ	ბ	უ	ნ	ე	ბ	ა
მ	ო	ხ	ა	ლ	ი	ს	ე	ე	ბ	ი	ო	Ო	ჩ
უ	ფ	ჭ	ტ	ვ	თ	ა	ა	ა	ნ	უ	ა	ფ	ც
ჯ	ვ	ძ	ქ	ჰ	შ	ქ	წ	კ	ზ	დ	ვ	ყ	ნ
მ	ი	ტ	ყ	ა	ფ	ლ	ო	რ	ა	ჰ	ლ	ც	შ
ც	რ	შ	შ	ბ	გ	ვ	ა	ლ	ვ	ა	ზ	ყ	მ
ე	უ	ლ	ი	ი	ბ	ე	ბ	ო	ე	ხ	ა	ს	ყ
ნ	ლ	ნ	ი	ტ	ა	მ	ი	ლ	კ	ლ	ს	Ი	ბ
ა	ა	ს	შ	ა	ბ	უ	ნ	ე	ბ	რ	ი	ვ	ი
რ	ბ	ს	პ	ტ	თ	ე	მ	ე	ბ	ი	ა	ი	წ
ე	ო	ნ	ლ	ი	ბ	ე	ს	რ	უ	ს	ე	რ	Თ
ე	ლ	მ	თ	ე	ბ	ი	დ	ა	რ	გ	დ	მ	ა
ბ	გ	მ	ც	ე	ნ	ა	რ	ე	უ	ლ	ო	ბ	ა
ი	ბ	ო	ა	ჭ	გ	ა	დ	ა	რ	ჩ	ე	ნ	ა

კლიმატი
თემები
გვალვა
ფაუნა
ფლორა
გლობალური
ჰაბიტატი
საზღვაო
ჭაობი
მთები
ბუნებრივი
ბუნება
მცენარეები
რესურსები
სახეობები
გადარჩენა
მდგრადი
ჯიში
მცენარეულობა
მოხალისეები

89 - Adjectives #2

კ	რ	ე	ა	ტ	ი	უ	ლ	ი	ჟ	მ	ბ	ს	ც
წ	ლ	ლ	მ	პ	ძ	ჩ	ყ	ი	ქ	შ	უ	ა	ხ
ე	ი	რ	უ	ტ	ნ	ე	თ	ვ	ა	რ	ნ	ი	ე
ა	ლ	რ	პ	ს	ხ	ჭ	ლ	მ	ჯ	ა	ე	ნ	ლ
ლ	ი	ე	უ	ზ	ძ	ი	ლ	ი	ა	ლ	ბ	ტ	ი
წ	ბ	ა	გ	წ	ც	ც	ძ	ა	ნ	ი	რ	ე	დ
ე	ო	ფ	მ	ა	ლ	ჩ	ჰ	ხ	ს	ჭ	ი	რ	რ
რ	ნ	ლ	ყ	ა	ნ	ყ	ა	ა	ა	ი	ვ	ე	ა
ი	ც	ლ	პ	ც	ყ	ტ	ი	ლ	ლ	რ	ი	ს	მ
თ	ი	ძ	რ	წ	მ	ი	უ	ი	ი	ე	ყ	ო	ა
ი	რ	ე	ი	შ	მ	კ	ი	რ	ე	ი	ლ	ძ	ტ
ვ	ე	ლ	უ	რ	ი	შ	ჰ	უ	ი	ჭ	კ	ს	უ
პ	რ	ო	დ	უ	ქ	ტ	ი	უ	ლ	ი	ვ	ვ	ლ
მ	ა	რ	ი	ლ	ი	ა	ნ	ი	მ	ნ	ხ	მ	ი

ავთენტური
კრეატიული
აღწერითი
დრამატული
მშრალი
ელეგანტური
ცნობილი
ნიჭიერი
ჯანსალი
ცხელი
მშიერი
საინტერესო
ბუნებრივი
ახალი
პროდუქტიული
ამაყი
მარილიანი
ძილი
ძლიერი
ველური

90 - Psychology

შ	ე	ფ	ა	ს	ე	ბ	ა	ა	მ	ქ	ღ	ა	გ
ნ	ა	ზ	ი	დ	ა	ბ	ო	ვ	შ	ვ	ა	ბ	ა
ა	ი	რ	უ	კ	ი	ნ	ი	ლ	კ	ე	ნ	ძ	მ
ვ	ი	ი	ვ	ქ	ც	ძ	წ	ყ	პ	ც	ნ	ე	ო
შ	ბ	ჯ	მ	ც	ა	ნ	ვ	შ	ი	ნ	ა	დ	ც
რ	ე	პ	ი	ე	ს	ბ	ა	ხ	რ	ო	მ	ა	დ
ე	ი	მ	ბ	ვ	ნ	ჟ	ზ	კ	ო	ბ	ე	შ	ი
ა	ც	თ	ე	ა	ე	ე	რ	ჟ	ვ	ი	ლ	ქ	ლ
ლ	ო	პ	ე	ც	ს	თ	ე	ხ	ნ	ე	ბ	ლ	ე
ო	მ	ა	დ	რ	ნ	ღ	ბ	წ	ე	რ	ო	უ	ბ
ბ	ე	ი	ი	რ	ა	ე	ი	ტ	ბ	ი	რ	გ	ა
ა	ზ	წ	ე	კ	ს	პ	ბ	ღ	ა	შ	პ	ნ	ე
ს	ჰ	ხ	დ	დ	ს	კ	ი	ა	ყ	ა	ბ	ნ	ბ
ო	ც	ნ	ე	ბ	ე	ბ	ი	ა	რ	ნ	მ	წ	ტ

დანიშვნა
შეფასება
ქცევა
ბავშვობა
კლინიკური
შემეცნება
ოცნებები
ეგო
ემოციები
გამოცდილება
იდეები
ალქმა
პიროვნება
პრობლემა
რეალობა
სენსაცია
ქვეცნობიერი
თერაპია
აზრები

91 - Math

თ	კ	პ	ე	ქ	ს	პ	ო	ნ	ე	ნ	ტ	ი	გ
ხ	უ	ა	ი	რ	ტ	ე	მ	ი	ს	რ	დ	ლ	ა
ლ	თ	რ	ა	ძ	ი	ნ	ო	გ	ი	ლ	ო	პ	ნ
ც	ხ	ა	წ	წ	დ	გ	შ	გ	ნ	ა	ლ	ჩ	ტ
გ	ე	ლ	უ	ძ	ე	რ	წ	ლ	ა	უ	ყ	ხ	ო
ე	ე	ე	ზ	კ	ხ	ე	კ	წ	დ	მ	ჰ	ე	ლ
ო	ბ	ლ	დ	ხ	თ	ო	თ	ო	ე	ნ	ო	ტ	ე
მ	ი	უ	ი	ყ	უ	ვ	წ	გ	ო	ყ	ი	რ	ბ
ე	ს	რ	ა	ა	კ	ი	ტ	ე	მ	თ	ი	რ	ა
ტ	უ	ა	მ	ტ	თ	ნ	ო	მ	რ	ე	ბ	ი	ლ
რ	ი	დ	ე	ფ	რ	ფ	რ	ა	ქ	ც	ი	ა	ვ
ი	დ	ა	ტ	ს	ა	მ	კ	უ	თ	ხ	ე	დ	ი
ა	ა	შ	რ	შ	მ	მ	ო	ც	უ	ლ	ო	ბ	ა
ვ	რ	ს	ი	თ	ი	ბ	ო	თ	ა	ხ	თ	ძ	დ

კუთხეები
არითმეტიკა
წრე
ათობითი
დიამეტრი
განტოლება
ექსპონენტი
ფრაქცია
გეომეტრია
ნომრები
პარალელურად
პოლიგონი
რადიუსი
მართკუთხედი
მოედანი
სიმეტრია
სამკუთხედი
მოცულობა

92 - Water

ს	Თ	დ	Ყ	ნ	ვ	ზ	ო	წ	ყ	ჯ	Ყ	ა	შ
კ	რ	ბ	ს	ყ	ე	რ	ა	ნ	ი	დ	მ	ო	ხ
Თ	უ	ც	ბ	რ	ტ	ს	ყ	ა	ნ	მ	წ	რ	ა
წ	მ	უ	ს	ო	ნ	ი	ტ	შ	ვ	Თ	ქ	თ	პ
ტ	Ყ	ე	წ	ფ	ღ	რ	ძ	ი	ა	ბ	ტ	ქ	ი
რ	ე	ა	ტ	გ	ხ	მ	ა	ო	ა	ჩ	რ	ლ	ს
ი	ჩ	ნ	ლ	წ	ვ	ბ	ე	ა	ო	ნ	პ	ე	ა
წ	რ	შ	ი	დ	ღ	ყ	Თ	პ	რ	ო	ი	ბ	რ
ვ	ბ	Თ	ვ	ა	ი	ლ	ვ	ო	თ	კ	ლ	ა	წ
წ	ვ	ი	მ	ა	ნ	დ	ყ	ს	ქ	ე	უ	პ	ყ
ო	Ყ	ბ	ა	ჩ	ხ	ო	ო	ც	ლ	ა	ნ	ღ	ა
გ	ე	ი	ზ	ე	რ	ი	ბ	ბ	ი	ნ	ი	ბ	ვ
ტ	ა	ლ	ღ	ე	ბ	ი	ჭ	ი	ა	ე	ყ	ზ	ი
ა	რ	ხ	ი	ს	მ	მ	გ	ა	ს	ს	ღ	Უ	კ

არხის
ნესტიანი
აორთქლება
წყალდიდობა
ყინვა
გეიზერი
ყინული
სარწყავი
ტბა
ტენიანობის
მუსონი
ოკეანე
წვიმა
მდინარე
შხაპი
თოვლი
ორთქლი
ტალღები

93 - Business

თ	ა	ნ	ა	მ	შ	რ	ო	მ	ე	ლ	ი	ა	ლ
ც	ი	ა	კ	თ	ვ	მ	ყ	ი	ჭ	ც	ს	ბ	ო
ლ	ზ	ზ	ი	პ	კ	ა	ე	ა	უ	წ	ი	ე	ო
ხ	ა	თ	მ	უ	რ	ზ	ლ	ნ	უ	შ	ფ	ლ	ი
ძ	ღ	თ	ო	წ	რ	ტ	ძ	უ	ე	შ	ო	უ	ტ
ლ	ა	ჯ	ნ	ა	კ	ზ	ფ	ტ	ტ	ჯ	ნ	ბ	ე
ვ	მ	კ	ო	მ	პ	ა	ნ	ი	ა	ა	ე	ე	ჯ
გ	ო	ე	კ	კ	ფ	ვ	რ	ს	პ	ნ	პ	რ	უ
ძ	ა	ს	ე	თ	რ	ი	მ	ე	ძ	ა	ნ	ი	ი
ფ	ი	ნ	ა	ნ	ს	ე	ბ	ი	ი	ხ	ბ	ღ	ბ
დ	ვ	დ	ლ	ვ	ი	ი	ჟ	ი	ლ	რ	ფ	გ	ა
ი	ყ	ი	დ	ე	ბ	ა	ტ	ი	უ	ა	ა	ძ	ზ
ა	ბ	ე	ლ	კ	ა	დ	ს	ა	ფ	ქ	ჩ	კ	მ
წ	ლ	უ	ჭ	მ	ო	გ	ე	ბ	ა	ხ	ჟ	ც	ო

ბიუჯეტი
კარიერა
კომპანია
ღირებულება
ვალუტა
ფასდაკლება
ეკონომიკა
თანამშრომელი
ქარხანა
ფინანსები
მენეჯერი
ფული
ოფისი
მოგება
იყიდება
მაღაზია

94 - The Company

ი	ნ	ო	ვ	ა	ც	ი	უ	რ	ი	რ	რ	ტ	თ
ს	შ	ა	თ	ო	შ	ზ	თ	რ	ს	ე	ე	პ	ი
ე	ლ	ე	ა	ი	ვ	ბ	ი	დ	ე	პ	ს	შ	გ
ნ	ი	ხ	ს	უ	ძ	ი	ლ	ფ	რ	უ	უ	ე	ლ
ზ	ლ	ე	მ	ა	ქ	ბ	უ	შ	გ	ტ	რ	მ	ო
ი	უ	უ	რ	ა	ძ	ე	ი	ტ	ო	ა	ს	ო	ბ
ბ	ი	ო	უ	ბ	ღ	ლ	ს	ო	რ	ც	ე	ს	ა
ხ	ტ	ძ	გ	ე	ბ	უ	ე	ი	პ	ი	ბ	ა	ლ
ჭ	ა	ძ	ხ	მ	თ	ე	ფ	ბ	პ	ა	ი	ვ	უ
რ	ე	რ	ა	ქ	ჭ	თ	ო	ე	ლ	ხ	თ	ა	რ
ს	რ	ბ	ი	ა	ი	რ	რ	კ	ს	ო	დ	ლ	ი
ე	კ	ბ	შ	ს	დ	ე	პ	ს	ს	ს	ბ	ი	ღ
ვ	ა	შ	ვ	ა	ხ	თ	ნ	ი	ე	ო	შ	ა	შ
ზ	გ	ღ	ს	დ	ბ	ი	ყ	რ	ც	მ	ს	ფ	უ

ბიზნესი
კრეატიული
დასაქმება
გლობალური
ინოვაციური
შესაძლებლობა
პროფესიული
პროგრესი
ხარისხი
რეპუტაცია
რესურსები
შემოსავალი
რისკები
ერთეულები

95 - Literature

მ	ტ	დ	თ	ც	Ყ	ღ	ი	ლ	რ	ჩ	რ	მ	Თ
თ	რ	ც	ა	ე	ქ	ყ	ზ	ჰ	ო	ვ	ი	რ	ს
ხ	ა	ს	ბ	ს	მ	ჭ	ი	ი	მ	მ	თ	ა	Ი
რ	გ	თ	ე	რ	კ	ა	ლ	გ	ა	წ	მ	ნ	ს
ო	ე	ი	რ	ო	ტ	ვ	ა	ო	ნ	ნ	ა	ა	ო
ბ	დ	მ	ა	ო	ც	ჰ	ნ	ლ	ი	მ	თ	ლ	კ
ე	ი	ტ	დ	უ	ჯ	ი	ა	ა	მ	ბ	რ	ო	ლ
ლ	ა	ი	ე	მ	შ	რ	ი	ი	ე	ლ	გ	გ	ლ
ი	ვ	რ	შ	ძ	კ	უ	ქ	დ	ტ	რ	ა	ი	ე
ა	ნ	ე	კ	დ	ო	ტ	ი	ჯ	ა	ს	ზ	ა	ქ
ა	ღ	წ	ე	რ	ა	ე	პ	Ყ	ფ	ტ	რ	შ	ს
ა	ი	ფ	ა	რ	გ	ო	ი	ბ	ო	ი	ი	მ	ი
ს	შ	ძ	ჭ	ე	წ	პ	ჯ	ლ	რ	ლ	რ	თ	Თ
ც	ქ	კ	წ	წ	ძ	ა	Თ	გ	ა	ი	ყ	ო	ნ

ანალოგია
ანალიზი
ანეკდოტი
ავტორი
ბიოგრაფია
შედარება
დასკვნა
აღწერა
დიალოგი
მეტაფორა
მთხრობელი
რომანი
აზრი
ლექსი
პოეტური
რითმა
რიტმი
სტილი
თემა
ტრაგედია

96 - Geography

რ	მ	ს	ო	ფ	ლ	ი	ო	ხ	წ	მ	ღ	მ	ს
კ	უ	ჩ	რ	დ	ი	ლ	ო	ე	თ	ი	შ	ე	ა
უ	ა	კ	რ	ე	გ	ი	ო	ნ	ი	Ი	Ი	რ	მ
ნ	ტ	ვ	ა	ი	რ	ო	ტ	ი	რ	ე	ტ	ი	ხ
ძ	ლ	კ	ო	ნ	ტ	ი	ნ	ე	ნ	ტ	ი	დ	რ
უ	ა	ვ	ლ	ო	ი	Თ	ლ	ნ	ი	Უ	დ	ი	ე
ლ	ს	ლ	ვ	უ	თ	რ	Ვ	ა	ო	მ	ი	ა	თ
ი	ი	ო	ა	წ	ე	პ	ქ	ე	ტ	პ	ქ	ნ	ი
ს	ი	მ	ა	ღ	ლ	ე	ხ	კ	ჭ	Ო	ო	ი	ჰ
ჰ	ქ	ქ	მ	ხ	ვ	ჰ	ს	ო	ც	ზ	Უ	პ	ღ
ზ	პ	რ	ა	პ	ა	გ	რ	ძ	ე	დ	ი	შ	უ
ძ	ე	ჭ	ს	ლ	ს	ლ	მ	დ	ი	ნ	ა	რ	ე
მ	თ	ა	ც	ტ	ა	ნ	ა	ყ	ე	ვ	ქ	თ	ი
ქ	ო	ი	გ	უ	დ	ქ	ზ	ღ	ვ	ა	რ	ჯ	ჟ

სიმაღლე
ატლასი
ქალაქი
კონტინენტი
ქვეყანა
კუნძული
გრძედი
რუკა
მერიდიანი
მთა
ჩრდილოეთი
ოკეანე
რეგიონი
მდინარე
ზღვა
სამხრეთი
ტერიტორია
დასავლეთი
მსოფლიო

97 - Jazz

რ	ჟ	კ	მ	უ	ს	ი	კ	ა	ძ	ფ	ჩ	ს	მ
წ	ი	რ	ო	ვ	ყ	ძ	ა	Ო	ს	ე	მ	ტ	ხ
ყ	ჯ	ტ	ზ	მ	ჟ	ძ	ი	შ	ა	ტ	ს	ი	ა
Ი	უ	ბ	მ	ზ	პ	ლ	ც	Ყ	ც	ჰ	ი	ლ	ტ
ლ	პ	პ	Ო	ი	ლ	ო	ა	Ო	ბ	პ	მ	ი	ვ
ც	ნ	ო	ბ	ი	ლ	ი	ზ	ე	Ი	ჰ	ღ	ხ	ა
პ	ტ	ა	ტ	მ	უ	ბ	ი	ი	Ყ	წ	ე	ა	რ
ა	ო	ხ	ჟ	ო	შ	ე	ვ	რ	ც	ჩ	რ	ბ	ი
კ	ქ	რ	ხ	ბ	შ	ლ	ო	ტ	ნ	ი	ა	რ	ფ
ლ	Უ	ც	შ	ლ	ი	უ	რ	ს	ი	ლ	ა	ხ	ა
Ი	ლ	ლ	ე	ა	ი	ე	პ	ე	ჭ	ე	ქ	ღ	ხ
პ	ძ	ფ	ს	ნ	წ	ჩ	მ	კ	ი	ვ	უ	რ	ჯ
ჟ	ა	ნ	რ	ი	ტ	რ	ი	რ	მ	ძ	ო	ყ	Თ
ქ	ჯ	ი	რ	ო	ტ	ი	ზ	ო	პ	მ	ო	კ	Ო

- ალბომი
- ტაში
- მხატვარი
- კომპოზიტორი
- კომპოზიცია
- აქცენტი
- ცნობილი
- რჩეულები
- ჟანრი

- იმპროვიზაცია
- მუსიკა
- ახალი
- ძველი
- ორკესტრი
- რიტმი
- სიმღერა
- სტილი
- ნიჭი

98 - Nature

მ	მ	ს	ფ	უ	ტ	კ	ა	რ	ი	ღ	ლ	ს	ც
დ	ყ	ლ	ა	რ	ა	თ	ჩ	დ	ი	რ	წ	ყ	ჰ
ი	ი	ლ	უ	კ	ი	პ	ო	რ	ტ	უ	Ო	ა	ჟ
ნ	ნ	ნ	ზ	ა	უ	თ	Ო	ი	ბ	ბ	ხ	ხ	კ
ა	ვ	ზ	ღ	ხ	რ	რ	Ო	ვ	ს	ლ	ე	ყ	ტ
რ	ა	ე	წ	ნ	ყ	ქ	თ	პ	ლ	ე	ზ	მ	ვ
ე	რ	ს	ა	რ	ა	ს	ტ	ხ	რ	ბ	ა	ხ	ე
კ	ი	უ	დ	ა	ბ	ნ	ო	ი	ე	ი	მ	ე	ლ
ლ	ლ	ე	რ	ო	ზ	ი	ა	ფ	კ	ვ	ა	ღ	უ
დ	ს	წ	მ	შ	ვ	ი	დ	ი	ღ	ა	ლ	ფ	რ
ე	ი	დ	ი	ნ	ა	მ	ი	უ	რ	ი	ი	ი	ი
ე	ნ	ფ	ო	თ	ლ	ე	ბ	ი	დ	კ	ს	შ	ს
ბ	მ	შ	ვ	ი	დ	ო	ბ	ი	ა	ნ	ი	ჭ	ვ
ი	კ	ტ	ც	ხ	ო	ვ	ე	ლ	ე	ბ	ი	კ	დ

ცხოველები
არქტიკა
სილამაზე
ფუტკარი
კლდეები
ღრუბლები
უდაბნო
დინამიური
ეროზია
ნისლი
ფოთლები
ტყე
მყინვარი
მშვიდობიანი
მდინარე
საკურთხევლის
მშვიდი
ტროპიკული
ველური

99 - Vacation #2

დ	ა	უ	ც	ხ	ო	ე	ლ	ი	პ	რ	ხ	მ	ზ
მ	ლ	ე	მ	ი	გ	ბ	ჟ	ს	ა	ე	კ	ა	ლ
ქ	შ	ე	რ	თ	ხ	ხ	ც	ქ	ს	ს	ა	ტ	ვ
ს	რ	ვ	ს	ო	ე	წ	ს	ა	პ	ტ	რ	ა	ა
ხ	ი	ც	ძ	ა	პ	ბ	კ	ტ	ო	ო	ვ	რ	ბ
კ	პ	ო	ო	კ	ს	ო	ი	ლ	რ	რ	ა	ე	ო
ს	ბ	რ	ჩ	უ	პ	წ	რ	ლ	ტ	ა	ბ	ბ	რ
ო	ძ	მ	უ	რ	ქ	ლ	ა	ტ	ი	ნ	ე	ე	უ
წ	ლ	უ	ც	ხ	ო	თ	ს	უ	ი	ი	ნ	ლ	ა
რ	ი	ტ	პ	შ	ვ	ო	ფ	ა	ლ	ქ	ე	ი	ზ
ი	ხ	ს	ფ	ო	ტ	ო	ე	ბ	ი	ი	ვ	ჟ	გ
ჰ	ჯ	ა	ყ	კ	უ	ნ	ძ	უ	ლ	ი	ს	ა	ო
ა	შ	ს	კ	ძ	ძ	შ	ძ	მ	ზ	ს	ა	ლ	მ
ნ	ჯ	უ	ა	ვ	ი	ზ	ა	გ	ე	ვ	დ	პ	ფ

აეროპორტი
პლაჟი
უცხო
უცხოელი
დღესასწაული
სასტუმრო
კუნძული
მოგზაურობა
დასვენება
რუკა
მთები
პასპორტი
ფოტოები
რესტორანი
ზღვა
ტაქსი
კარვა
მატარებელი
ვიზა

100 - Electricity

ტ	ე	ლ	ე	ვ	ი	ზ	ი	ა	გ	ა	კ	ე	ო
რ	მ	ბ	ი	ყ	ვ	მ	ხ	წ	ე	ღ	ა	ლ	ბ
ვ	მ	ა	ი	ო	წ	მ	რ	ტ	ნ	ჭ	ბ	ე	ი
უ	ა	რ	ყ	ო	ფ	ი	თ	ი	ე	უ	ე	ქ	ე
მ	ბ	უ	წ	ღ	ყ	ლ	უ	პ	რ	რ	ლ	ტ	ქ
ა	ა	თ	შ	ქ	ს	ე	ლ	ი	ა	ვ	ი	რ	ტ
გ	ტ	ა	ე	ტ	ს	ვ	ე	ი	ტ	ი	ვ	ი	ე
ნ	ა	ნ	ნ	ე	ე	ო	ყ	ძ	ო	ლ	ლ	კ	ბ
ი	რ	მ	ა	ძ	ლ	ლ	კ	ყ	რ	ო	ა	ო	ი
ტ	ე	შ	ხ	ო	შ	ე	ე	ე	ი	ბ	ზ	ს	ვ
ი	ა	მ	ვ	ტ	ც	ჭ	ქ	ფ	ტ	ა	ე	ი	ქ
ი	ს	ა	ა	გ	ე	ო	ო	ტ	ო	ი	რ	შ	ლ
დ	ა	დ	ე	ბ	ი	თ	ი	ხ	რ	ნ	ი	ნ	ო
რ	ა	ო	დ	ე	ნ	ო	ბ	ა	ყ	ო	ი	ნ	ბ

ბატარეა
ბოლქვი
კაბელი
ელექტრო
ელექტრიკოსი
ალჭურვილობა
გენერატორი
ნათურა
ლაზერი
მაგნიტი
უარყოფითი
ქსელი
ობიექტები
დადებითი
რაოდენობა
სოკეტი
შენახვა
ტელეფონი
ტელევიზია

1 - Antiques

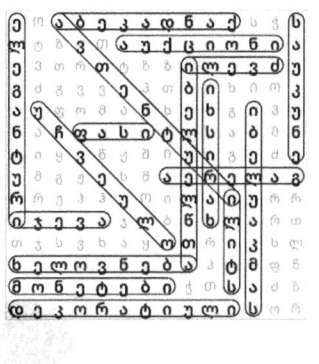

2 - Food #1

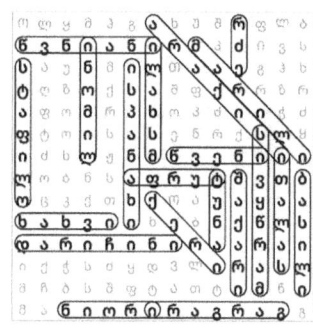

3 - Measurements

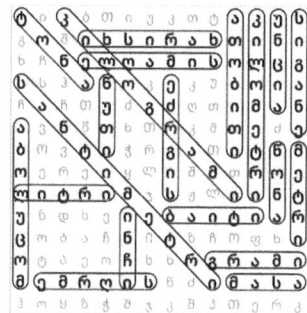

4 - Farm #2

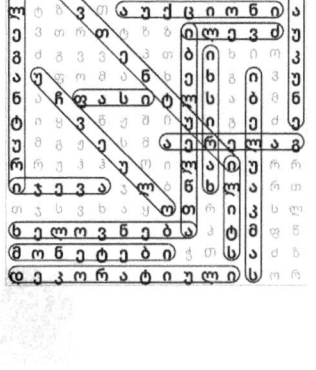

5 - Books

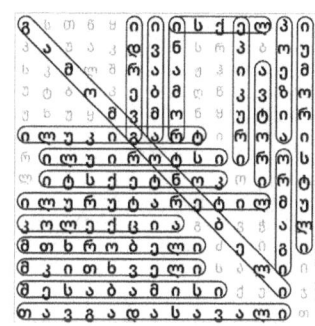

6 - Meditation

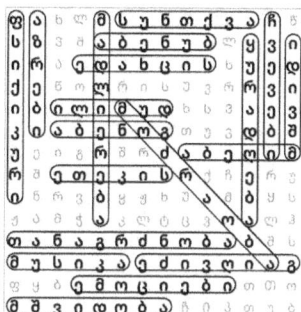

7 - Days and Months

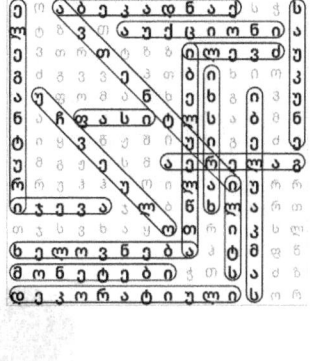

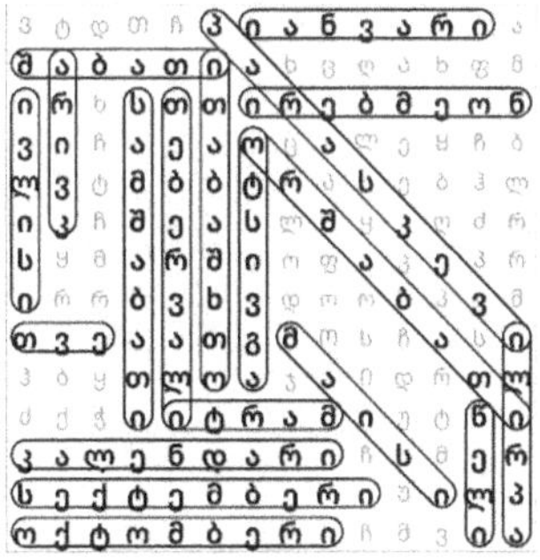

8 - Energy

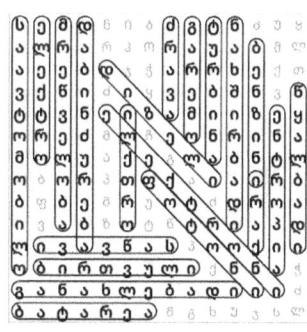

9 - Chess

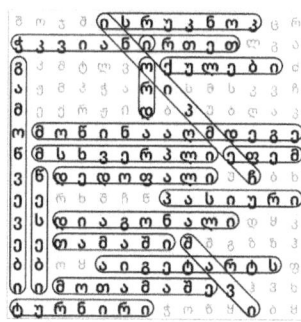

10 - Archeology

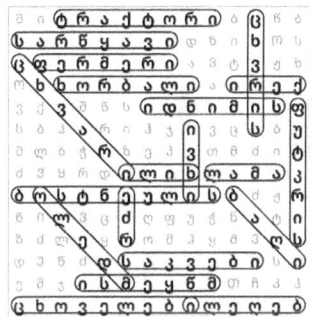

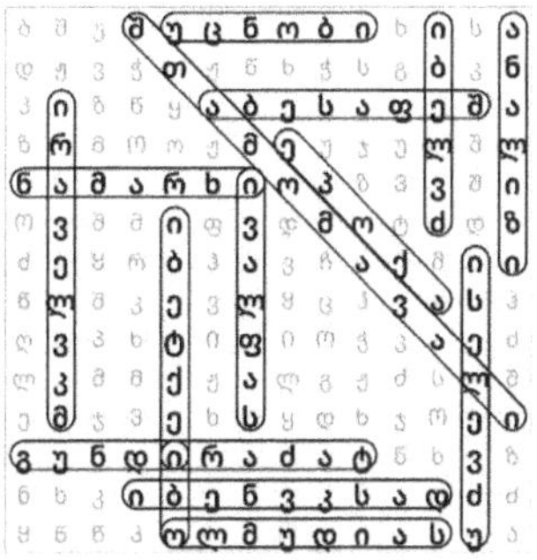

11 - Food #2

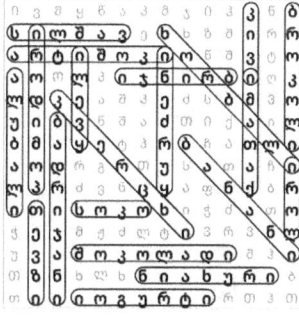

12 - Chemistry

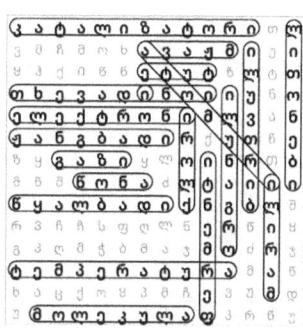

13 - Music

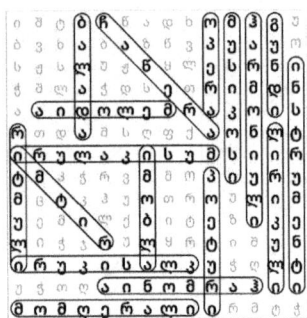

14 - Family

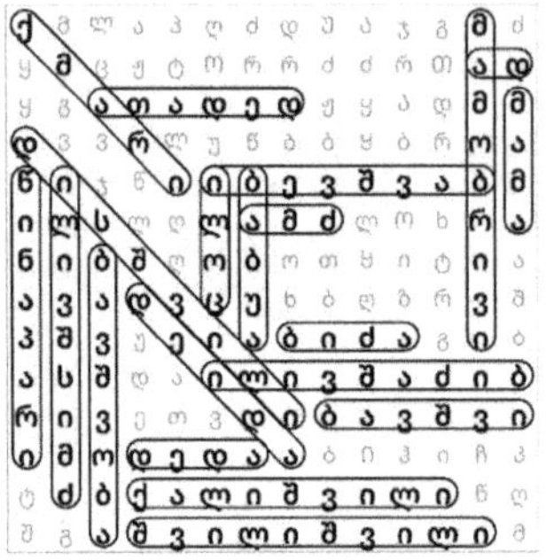

15 - Farm #1

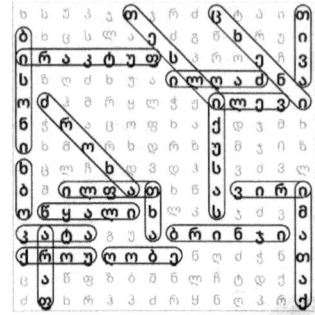

16 - Camping

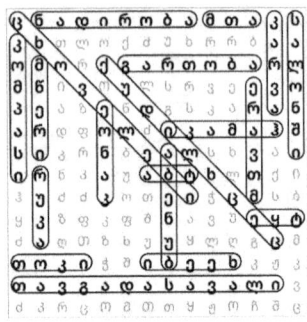

17 - Algebra

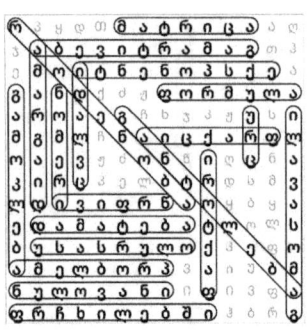

18 - Numbers

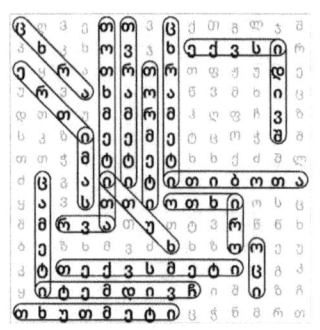

19 - Spices

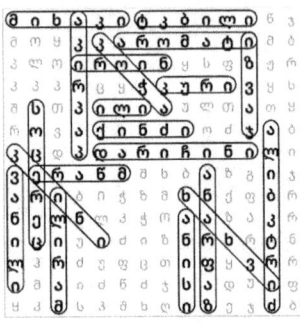

20 - Universe

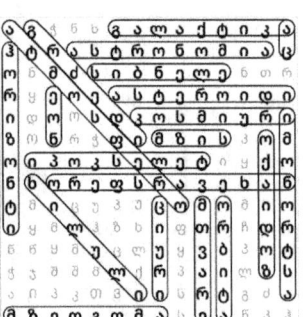

21 - Mammals

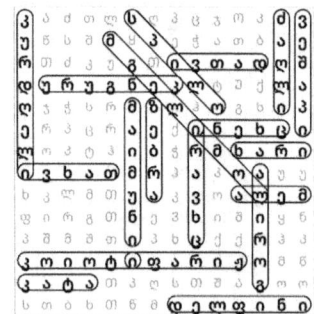

22 - Restaurant #1

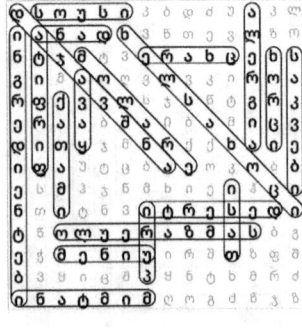

23 - Bees

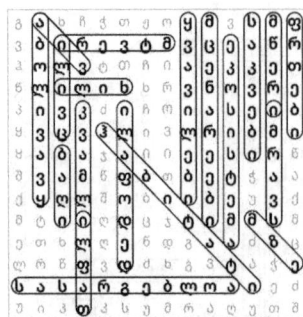

24 - Photography

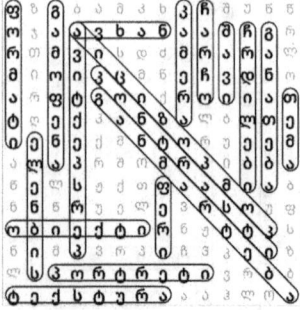

25 - Weather

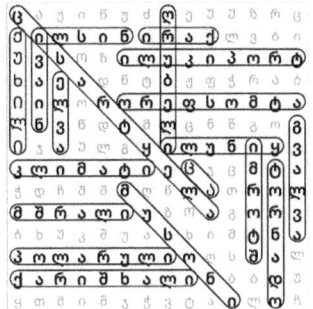

26 - Adventure

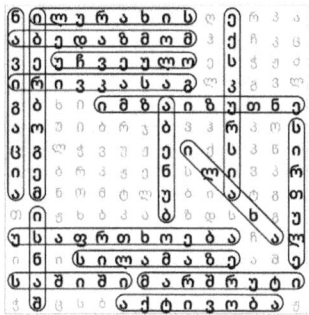

27 - Sport

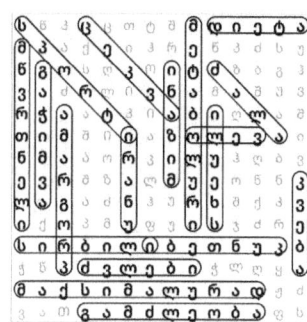

28 - Restaurant #2

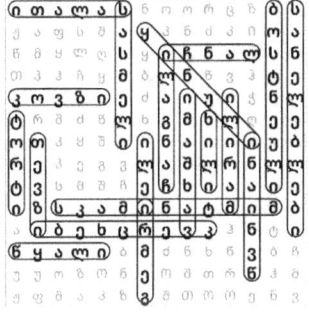

29 - Geology

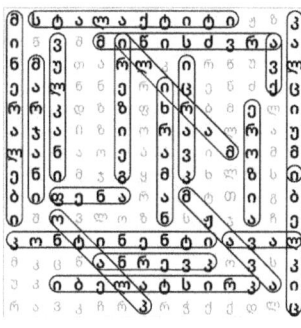

30 - House

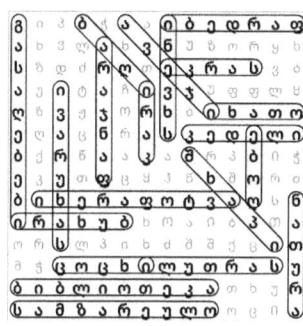

31 - Physics

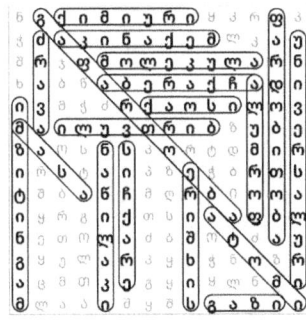

32 - Coffee

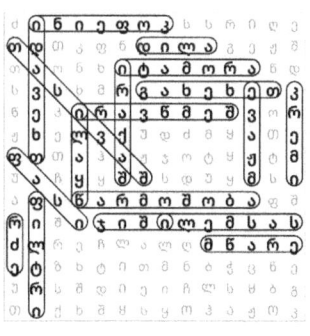

33 - Colors

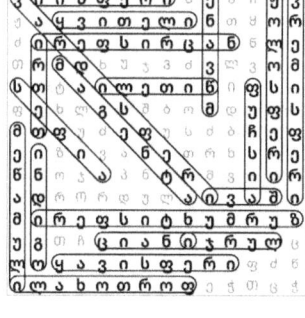

34 - Shapes

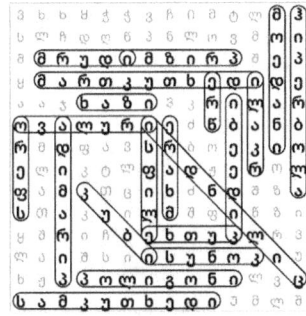

35 - Scientific Disciplines

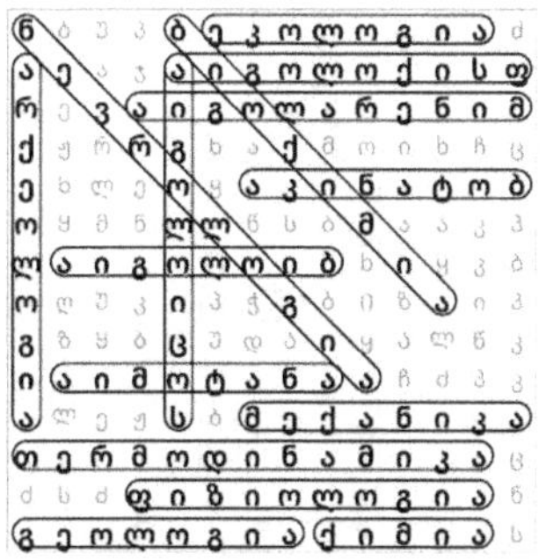

36 - Science

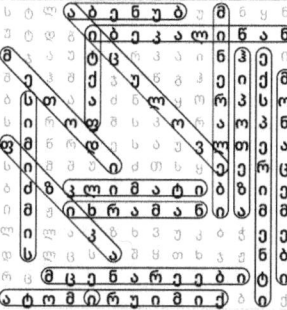

37 - Beauty

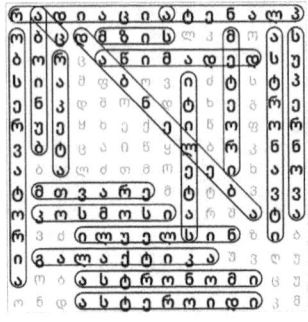

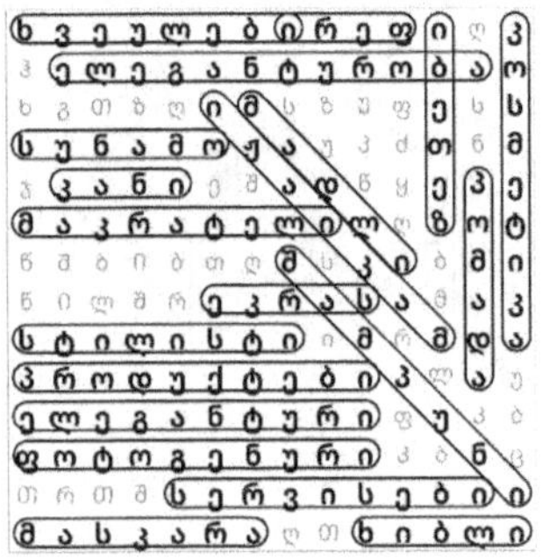

38 - Clothes

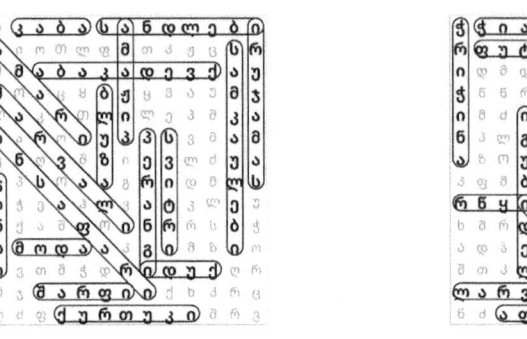

39 - Insects

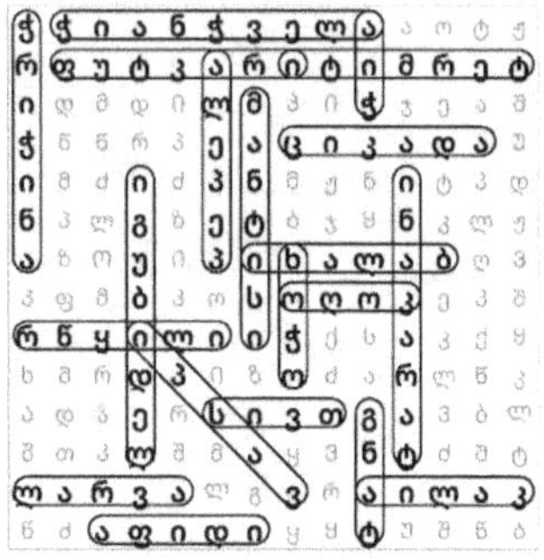

40 - Astronomy

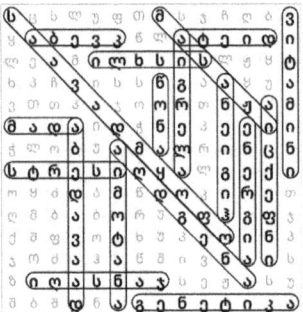

41 - Health and Wellness #2

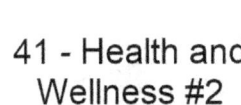

42 - Time

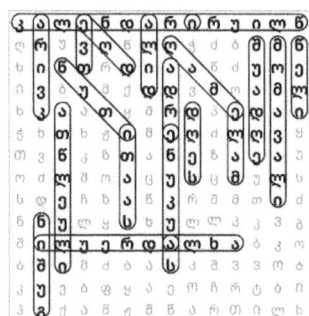

43 - Buildings

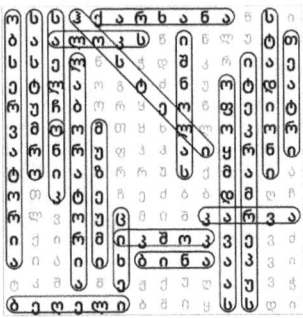

44 - Philanthropy

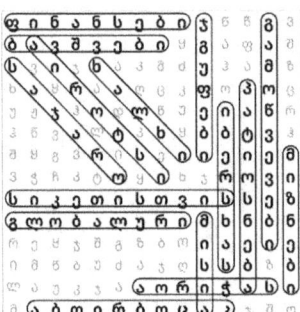

45 - Gardening

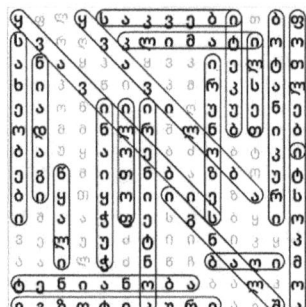

46 - Herbalism

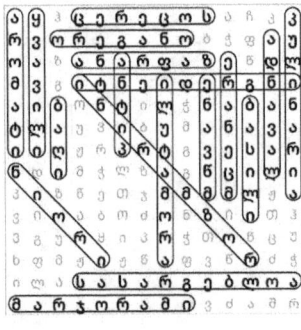

47 - Vehicles

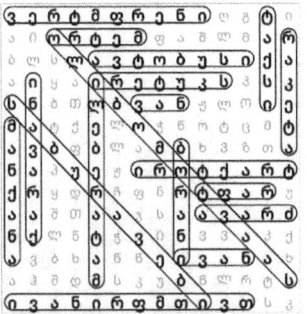

48 - Flowers

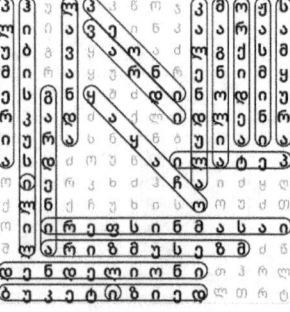

49 - Health and Wellness #1

50 - Town

51 - Antarctica

52 - Ballet

53 - Fashion

54 - Human Body

55 - Musical Instruments

56 - Fruit

57 - Virtues #1

58 - Engineering

59 - Government

60 - Art Supplies

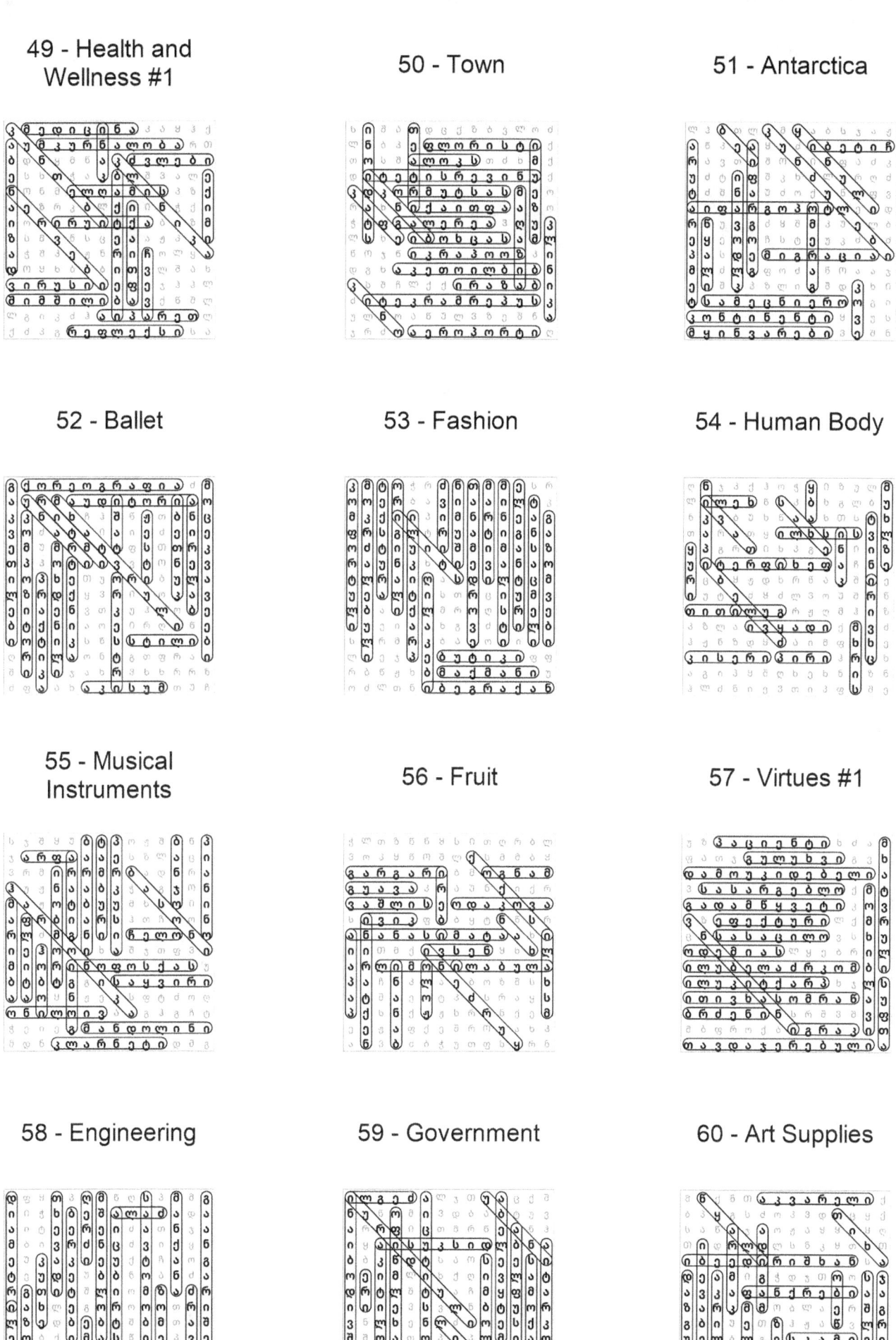

61 - Science Fiction

62 - Geometry

63 - Creativity

64 - Airplanes

65 - Ocean

66 - Force and Gravity

67 - Birds

68 - Nutrition

69 - Hiking

70 - Professions #1

71 - Barbecues

72 - Vegetables

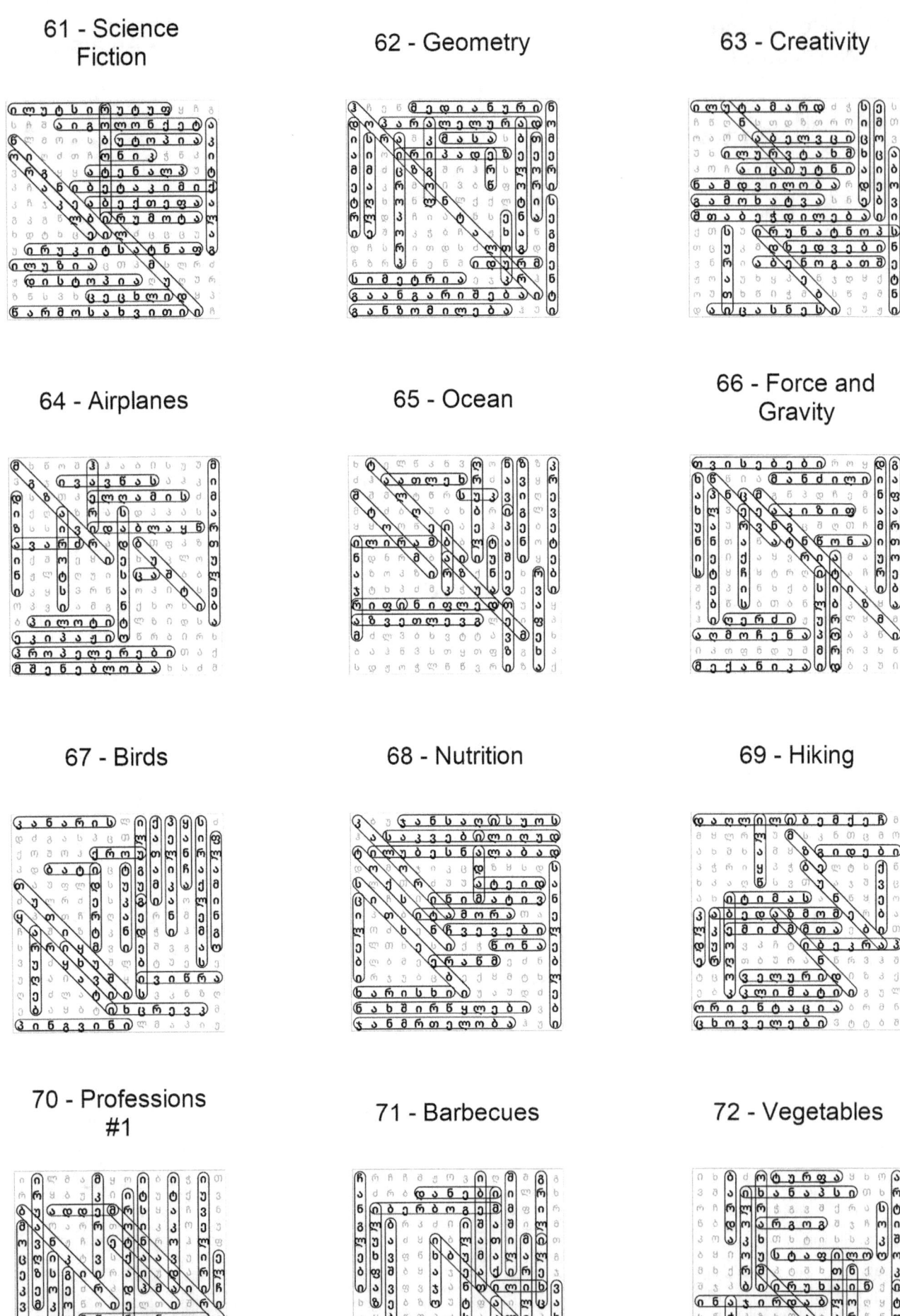

73 - The Media

74 - Boats

75 - Activities and Leisure

76 - Driving

77 - Professions #2

78 - Mythology

79 - Hair Types

80 - Garden

81 - Diplomacy

82 - Countries #1

83 - Adjectives #1

84 - Landscapes

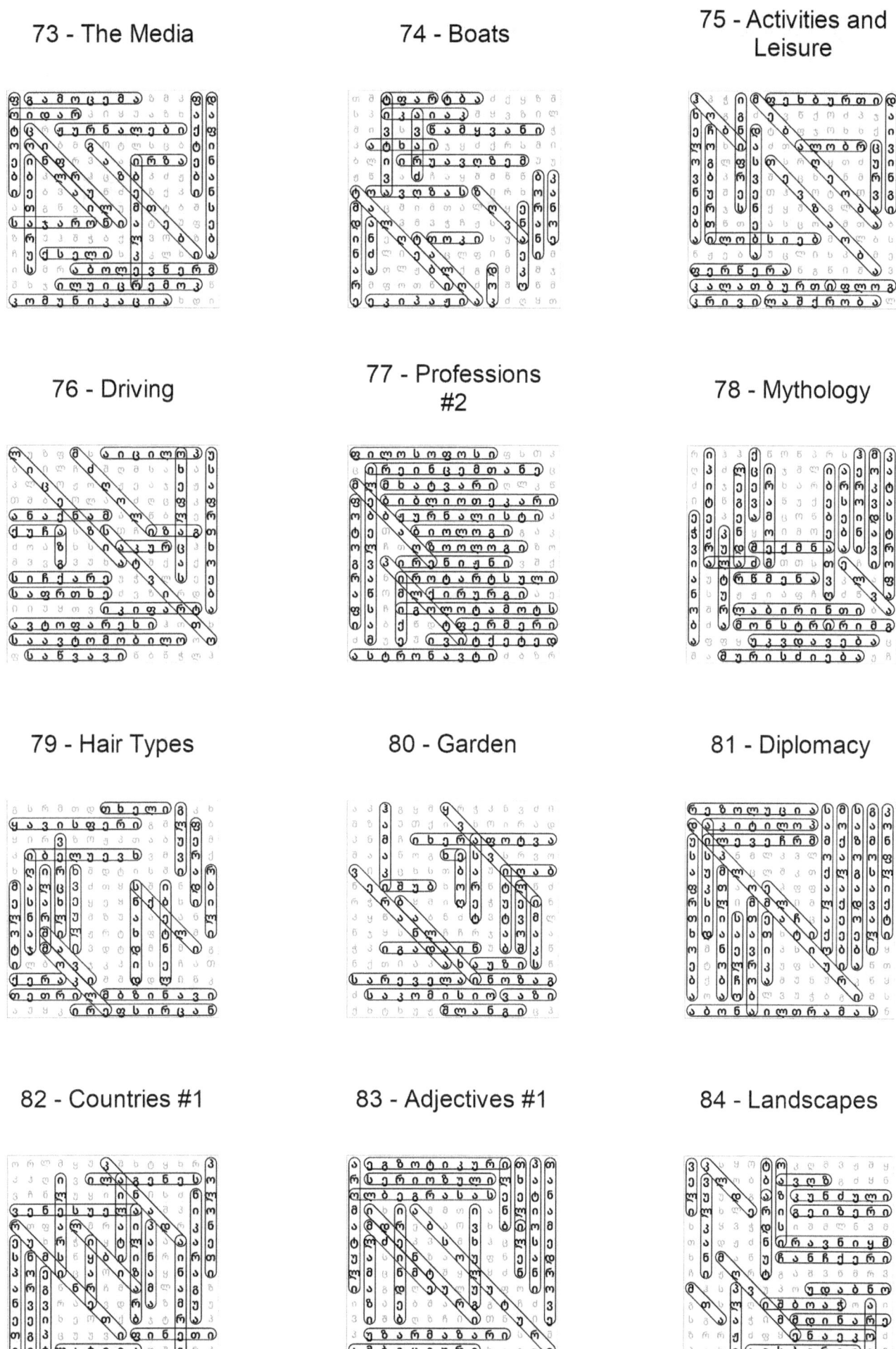

85 - Plants

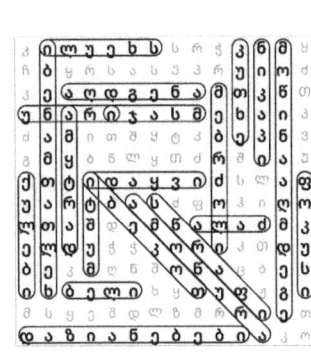

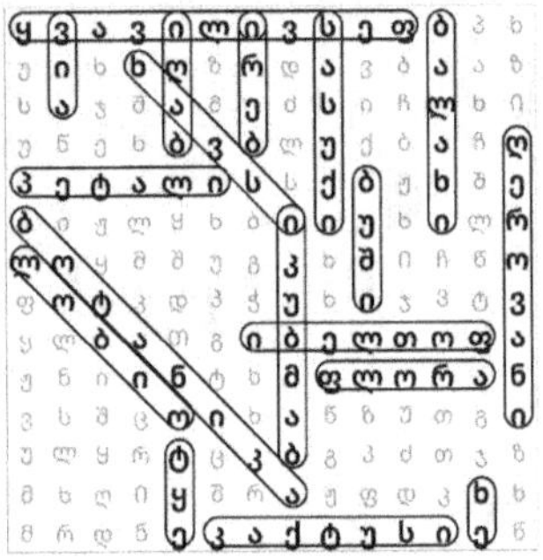

86 - Boxing

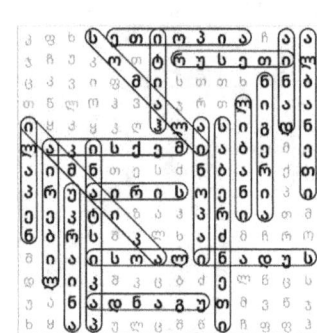

87 - Countries #2

88 - Ecology

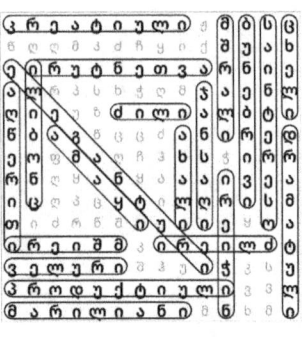

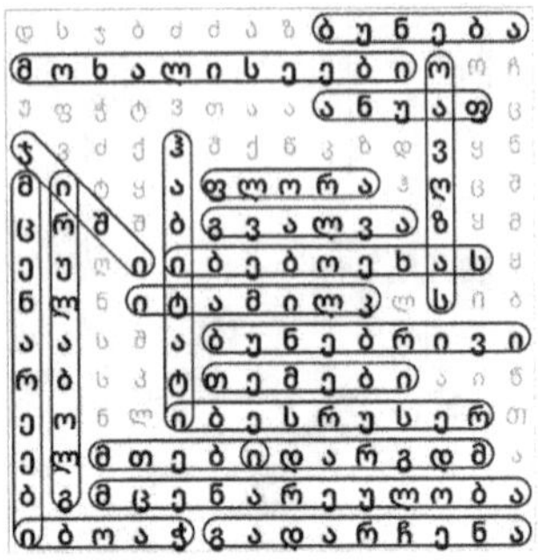

89 - Adjectives #2

90 - Psychology

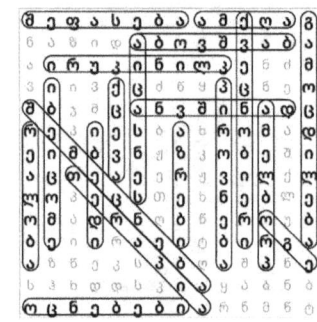

91 - Math

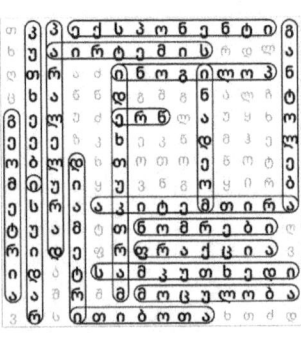

92 - Water

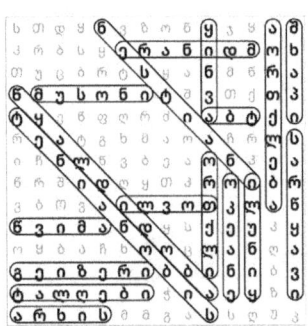

93 - Business

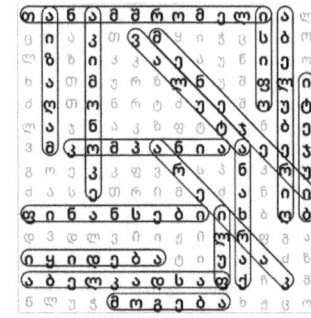

94 - The Company

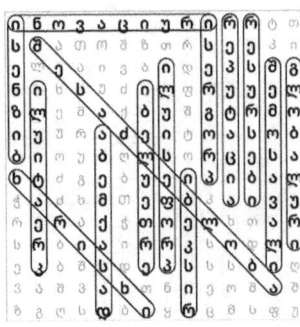

95 - Literature

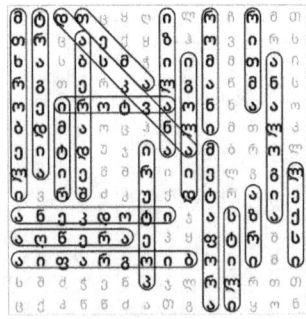

96 - Geography

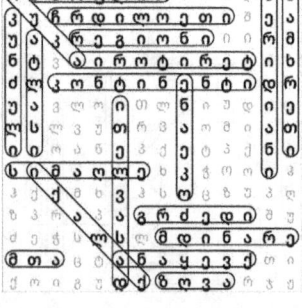

97 - Jazz

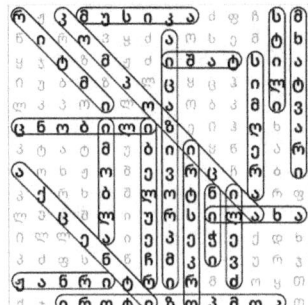

98 - Nature

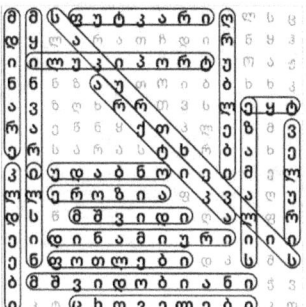

99 - Vacation #2

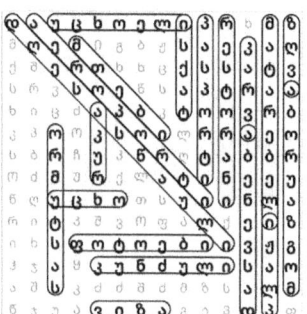

100 - Electricity

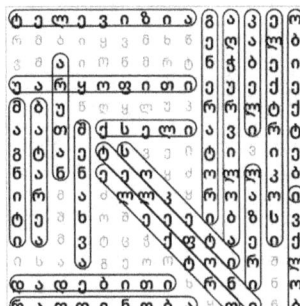

Dictionary

Activities and Leisure
საქმიანობა და დასვენება

Art	ხელოვნება
Baseball	ბეისბოლი
Basketball	კალათბურთი
Boxing	კრივი
Diving	დაივინგი
Fishing	თევზაობა
Gardening	მებაღეობა
Golf	გოლფი
Hiking	ლაშქრობა
Hobbies	ჰობი
Painting	ფერწერა
Racing	რბოლა
Relaxing	დასვენება
Soccer	ფეხბურთი
Surfing	სერფინგი
Swimming	ცურვა
Tennis	ჩოგბურთი
Travel	მოგზაურობა
Volleyball	ფრენბურთი

Adjectives #1
ზედსართავი სახელი #1

Absolute	აბსოლუტური
Ambitious	ამბიციური
Aromatic	არომატული
Artistic	მხატვრული
Attractive	მიმზიდველი
Beautiful	ლამაზი
Dark	ბნელი
Exotic	ეგზოტიკური
Generous	გულუხვი
Happy	ბედნიერი
Heavy	მძიმე
Helpful	სასარგებლო
Honest	პატიოსანი
Huge	უზარმაზარი
Identical	იდენტური
Modern	თანამედროვე
Serious	სერიოზული
Slow	ნელი
Thin	თხელი
Valuable	ღირებული

Adjectives #2
ზედსართავი სახელი #2

Authentic	ავთენტური
Creative	კრეატიული
Descriptive	აღწერითი
Dramatic	დრამატული
Dry	მშრალი
Elegant	ელეგანტური
Famous	ცნობილი
Gifted	ნიჭიერი
Healthy	ჯანსაღი
Hot	ცხელი
Hungry	მშიერი
Interesting	საინტერესო
Natural	ბუნებრივი
New	ახალი
Productive	პროდუქტიული
Proud	ამაყი
Salty	მარილიანი
Sleepy	ძილი
Strong	ძლიერი
Wild	ველური

Adventure
თავგადასავალი

Activity	აქტივობა
Beauty	სილამაზე
Challenges	გამოწვევები
Chance	შანსი
Dangerous	საშიში
Difficulty	სირთულე
Enthusiasm	ენთუზიაზმი
Excursion	ექსკურსია
Friends	მეგობრები
Itinerary	მარშრუტი
Joy	სიხარული
Nature	ბუნება
Navigation	ნავიგაცია
New	ახალი
Opportunity	შესაძლებლობა
Preparation	მომზადება
Safety	უსაფრთხოება
Surprising	გასაკვირი
Unusual	უჩვეულო

Airplanes
თვითმფრინავები

Adventure	თავგადასავალი
Air	ჰაერი
Atmosphere	ატმოსფერო
Balloon	ბუშტი
Construction	მშენებლობა
Crew	ეკიპაჟი
Descent	დაღმართი
Design	დიზაინი
Direction	მიმართულება
Engine	ძრავა
Fuel	საწვავი
Height	სიმაღლე
History	ისტორია
Hydrogen	წყალბადი
Landing	სადესანტო
Passenger	მგზავრი
Pilot	პილოტი
Propellers	პროპელერები
Sky	ცა
Turbulence	ტურბულენტობა

Algebra
ალგებრა

Addition	დამატება
Diagram	დიაგრამა
Equation	განტოლება
Exponent	ექსპონენტი
Factor	ფაქტორი
False	ცრუ
Formula	ფორმულა
Fraction	ფრაქცია
Infinite	უსასრულო
Linear	წრფივი
Matrix	მატრიცა
Number	ნომერი
Parenthesis	ფრჩხილებში
Problem	პრობლემა
Quantity	რაოდენობა
Simplify	გამარტივება
Solution	გამოსავალი
Subtraction	გამოკლება
Variable	ცვლადი
Zero	ნულოვანი

Antarctica
ანტარქტიდა

Bay	ბეი
Birds	ჩიტები
Clouds	ღრუბლები
Conservation	კონსერვაცია
Continent	კონტინენტი
Cove	კოვე
Environment	გარემო
Expedition	ექსპედიცია
Geography	გეოგრაფია
Glaciers	მყინვარები
Ice	ყინული
Islands	კუნძულები
Migration	მიგრაცია
Minerals	მინერალები
Researcher	მკვლევარი
Rocky	კლდოვანი
Scientific	სამეცნიერო
Temperature	ტემპერატურა
Topography	ტოპოგრაფია
Water	წყალი

Antiques
ანტიკვარიატი

Art	ხელოვნება
Auction	აუქციონი
Authentic	ავთენტური
Century	საუკუნე
Coins	მონეტები
Collector	კოლექციონერი
Decades	ათწლეულები
Decorative	დეკორატიული
Elegant	ელეგანტური
Furniture	ავეჯი
Gallery	გალერეა
Investment	ინვესტიცია
Jewelry	სამკაულები
Old	ძველი
Price	ფასი
Quality	ხარისხი
Sculpture	ქანდაკება
Style	სტილი
Unusual	უჩვეულო
Value	ღირებულება

Archeology
არქეოლოგია

Analysis	ანალიზი
Ancient	უძველესი
Antiquity	ანტიკურობა
Bones	ძვლები
Civilization	ცივილიზაცია
Descendant	შთამომავალი
Era	ეპოქა
Evaluation	შეფასება
Expert	ექსპერტი
Findings	დასკვნები
Forgotten	დავიწყებული
Fossil	ნამარხი
Mystery	საიდუმლო
Objects	ობიექტები
Relic	რელიქტური
Researcher	მკვლევარი
Team	გუნდი
Temple	ტაძარი
Tomb	საფლავი
Unknown	უცნობი

Art Supplies
ხელოვნების მარაგი

Acrylic	აკრილის
Brushes	ჯაგრისები
Camera	კამერა
Chair	სკამი
Charcoal	ნახშირი
Clay	თიხა
Colors	ფერები
Creativity	კრეატიულობა
Easel	დაზგური
Eraser	საშლელი
Glue	წებო
Ideas	იდეები
Ink	მელანი
Oil	ზეთი
Paints	საღებავები
Paper	ქაღალდი
Pencils	ფანქრები
Table	მაგიდა
Water	წყალი
Watercolors	აკვარელი

Astronomy
ასტრონომია

Asteroid	ასტეროიდი
Astronaut	ასტრონავტი
Astronomer	ასტრონომი
Cosmos	კოსმოსი
Earth	დედამიწა
Eclipse	დაბნელება
Equinox	ბუნიობა
Galaxy	გალაქტიკა
Meteor	მეტეორი
Moon	მთვარე
Nebula	ნისლეული
Observatory	ობსერვატორია
Planet	პლანეტა
Radiation	რადიაცია
Rocket	რაკეტა
Satellite	სატელიტი
Sky	ცა
Solar	მზის
Supernova	სუპერნოვა
Zodiac	ზოდიაქო

Ballet
ბალეტი

Applause	ტაში
Artistic	მხატვრული
Audience	აუდიტორია
Ballerina	ბალერინა
Choreography	ქორეოგრაფია
Composer	კომპოზიტორი
Dancers	მოცეკვავეები
Expressive	ექსპრესიული
Gesture	ჟესტი
Graceful	მოხდენილი
Intensity	ინტენსივობა
Lessons	გაკვეთილები
Muscles	კუნთები
Music	მუსიკა
Orchestra	ორკესტრი
Practice	პრაქტიკა
Rhythm	რიტმი
Skill	უნარი
Style	სტილი
Technique	ტექნიკა

Barbecues
ბარბეკები

Chicken	ქათამი
Children	ბავშვები
Dinner	ვახშამი
Family	ოჯახი
Food	საკვები
Forks	ჩანგლები
Friends	მეგობრები
Fruit	ხილი
Games	თამაშები
Grill	გრილი
Hot	ცხელი
Hunger	შიმშილი
Knives	დანები
Music	მუსიკა
Salads	სალათები
Salt	მარილი
Sauce	სოუსი
Summer	ზაფხული
Tomatoes	პომიდორი
Vegetables	ბოსტნეული

Beauty
სილამაზის

Charm	ხიბლი
Color	ფერი
Cosmetics	კოსმეტიკა
Curls	ხვეულები
Elegance	ელეგანტურობა
Elegant	ელეგანტური
Fragrance	სუნამო
Grace	მადლი
Lipstick	პომადა
Makeup	მაკიაჟი
Mascara	მასკარა
Mirror	სარკე
Oils	ზეთები
Photogenic	ფოტოგენური
Products	პროდუქტები
Scissors	მაკრატელი
Services	სერვისები
Shampoo	შამპუნი
Skin	კანი
Stylist	სტილისტი

Bees
ფუტკარი

Beneficial	სასარგებლოა
Blossom	ყვავილობა
Ecosystem	ეკოსისტემა
Flowers	ყვავილები
Food	საკვები
Fruit	ხილი
Garden	ბაღი
Habitat	ჰაბიტატი
Hive	აივ
Honey	თაფლი
Insect	მწერი
Plants	მცენარეები
Pollen	მტვერი
Queen	დედოფალი
Smoke	კვამლი
Sun	მზე
Swarm	სვარმი
Wax	ცვილი
Wings	ფრთები

Birds
ფრინველები

Canary	კანარის
Chicken	ქათამი
Crow	ქროუ
Cuckoo	გუგული
Dove	მტრედი
Duck	იხვი
Eagle	არწივი
Egg	კვერცხი
Flamingo	ფლამინგო
Goose	ბატი
Heron	ყანჩა
Ostrich	სირაქლემას
Parrot	თუთიყუში
Peacock	ფარშევანგი
Pelican	პელიკანი
Penguin	პინგვინი
Sparrow	ბეღურა
Stork	ყარყატი
Swan	გედების
Toucan	ტუკანი

Boats
ნავები

Anchor	წამყვანი
Buoy	ტივტივა
Canoe	კანოე
Crew	ეკიპაჟი
Dock	დოკ
Engine	ძრავა
Ferry	ბორანი
Kayak	კაიაკი
Lake	ტბა
Mast	ანძა
Nautical	საზღვაო
Ocean	ოკეანე
Raft	რაფტ
River	მდინარე
Rope	თოკი
Sailor	მეზღვაური
Sea	ზღვა
Tide	ტალღა
Waves	ტალღები
Yacht	იახტა

Books
წიგნები

Adventure	თავგადასავალი
Author	ავტორი
Collection	კოლექცია
Context	კონტექსტი
Duality	ორმაგი
Epic	ეპიკური
Historical	ისტორიული
Humorous	იუმორისტული
Inventive	გამომგონებელი
Literary	ლიტერატურული
Narrator	მთხრობელი
Novel	რომანი
Page	გვერდი
Poem	ლექსი
Poetry	პოეზია
Reader	მკითხველი
Relevant	შესაბამისი
Story	ამბავი
Tragic	ტრაგიკული
Written	დაწერილი

Boxing
კრივი

Bell	ბელი
Body	სხეული
Chin	ნიკაპი
Corner	კუთხე
Elbow	იდაყვი
Exhausted	ამოწურა
Fighter	მებრძოლი
Fist	მუშტი
Focus	ფოკუსი
Gloves	ხელთათმანები
Injuries	დაზიანებები
Kick	დარტყმა
Opponent	მოწინააღმდეგე
Points	ქულები
Quick	სწრაფი
Recovery	აღდგენა
Referee	მსაჯი
Ropes	თოკები
Skill	უნარი
Strength	ძალა

Buildings
შენობები

Apartment	ბინა
Barn	ბეღელი
Cabin	სალონში
Castle	ციხე
Cinema	კინო
Embassy	საელჩო
Factory	ქარხანა
Hospital	საავადმყოფო
Hostel	ჰოსტელი
Hotel	სასტუმრო
Laboratory	ლაბორატორია
Museum	მუზეუმი
Observatory	ობსერვატორია
School	სკოლა
Stadium	სტადიონი
Supermarket	სუპერმარკეტი
Tent	კარვა
Theater	თეატრი
Tower	კოშკი
University	უნივერსიტეტი

Business
ბიზნესი

Budget	ბიუჯეტი
Career	კარიერა
Company	კომპანია
Cost	ღირებულება
Currency	ვალუტა
Discount	ფასდაკლება
Economics	ეკონომიკა
Employee	თანამშრომელი
Employer	დამსაქმებელი
Factory	ქარხანა
Finance	ფინანსები
Income	შემოსავალი
Investment	ინვესტიცია
Manager	მენეჯერი
Money	ფული
Office	ოფისი
Profit	მოგება
Sale	იყიდება
Shop	მაღაზია
Taxes	გადასახადები

Camping
კამპინგი

Adventure	თავგადასავალი
Animals	ცხოველები
Cabin	სალონში
Canoe	კანოე
Compass	კომპასი
Fire	ცეცხლი
Forest	ტყე
Fun	გართობა
Hammock	ჰამაკი
Hat	ქუდი
Hunting	ნადირობა
Insect	მწერი
Lake	ტბა
Map	რუკა
Moon	მთვარე
Mountain	მთა
Nature	ბუნება
Rope	თოკი
Tent	კარვა
Trees	ხეები

Chemistry
ქიმია

Acid	მჟავა
Alkaline	ტუტე
Atomic	ატომური
Carbon	ნახშირბადი
Catalyst	კატალიზატორი
Chlorine	ქლორი
Electron	ელექტრონი
Enzyme	ფერმენტი
Gas	გაზი
Hydrogen	წყალბადი
Ion	იონი
Liquid	თხევადი
Metals	ლითონები
Molecule	მოლეკულა
Nuclear	ბირთვული
Organic	ორგანული
Oxygen	ჟანგბადი
Salt	მარილი
Temperature	ტემპერატურა
Weight	წონა

Chess
ჭადრაკი

Black	შავი
Challenges	გამოწვევები
Champion	ჩემპიონი
Clever	ჭკვიანი
Contest	კონკურსი
Diagonal	დიაგონალი
Game	თამაში
King	მეფე
Opponent	მოწინააღმდეგე
Passive	პასიური
Player	მოთამაშე
Points	ქულები
Queen	დედოფალი
Rules	წესები
Sacrifice	მსხვერპლი
Strategy	სტრატეგია
Time	დრო
Tournament	ტურნირი
White	თეთრი

Clothes
ტანსაცმელი

Apron	წინსაფარი
Belt	ქამარი
Blouse	ბლუზა
Bracelet	სამაჯური
Dress	კაბა
Fashion	მოდა
Gloves	ხელთათმანები
Hat	ქუდი
Jacket	ქურთუკი
Jeans	ჯინსი
Jewelry	სამკაულები
Necklace	ყელსაბამი
Pajamas	პიჟამა
Pants	შარვალი
Sandals	სანდლები
Scarf	შარფი
Shirt	პერანგი
Shoe	ფეხსაცმლის
Skirt	ქვედაკაბა
Sweater	სვიტრი

Coffee
ყავა

Acidic	მჟავე
Beverage	სასმელი
Bitter	მწარე
Black	შავი
Caffeine	კოფეინი
Cream	კრემი
Cup	თასი
Filter	ფილტრი
Flavor	არომატი
Grind	გახეხეთ
Liquid	თხევადი
Milk	რძე
Morning	დილა
Origin	წარმოშობა
Price	ფასი
Roasted	შემწვარი
Sugar	შაქარი
Variety	ჯიში
Water	წყალი

Colors
ფერები

Azure	ზურმუხტისფერი
Beige	კრემისფერი
Black	შავი
Blue	ლურჯი
Brown	ყავისფერი
Crimson	ჟოლოსფერი
Cyan	ციანი
Fuchsia	ფუჩსია
Green	მწვანე
Grey	ნაცრისფერი
Indigo	ინდიგო
Magenta	მაგენტა
Orange	ფორთოხალი
Pink	ვარდისფერი
Purple	მეწამული
Red	წითელი
Sepia	სეფია
Violet	იისფერი
White	თეთრი
Yellow	ყვითელი

Countries #1
ქვეყნები #1

Brazil	ბრაზილია
Canada	კანადა
Egypt	ეგვიპტე
Finland	ფინეთი
Germany	გერმანია
Iraq	ერაყი
Israel	ისრაელი
Italy	იტალია
Latvia	ლატვია
Libya	ლიბია
Morocco	მაროკო
Nicaragua	ნიკარაგუა
Norway	ნორვეგია
Panama	პანამა
Poland	პოლონეთი
Romania	რუმინეთი
Senegal	სენეგალი
Spain	ესპანეთი
Venezuela	ვენესუელა
Vietnam	ვიეტნამი

Countries #2
ქვეყნები #2

Albania	ალბანეთი
Denmark	დანია
Ethiopia	ეთიოპია
Greece	საბერძნეთი
Haiti	ჰაიტი
Jamaica	იამაიკა
Japan	იაპონია
Laos	ლაოსი
Lebanon	ლიბანი
Liberia	ლიბერია
Mexico	მექსიკა
Nepal	ნეპალი
Nigeria	ნიგერია
Pakistan	პაკისტანი
Russia	რუსეთი
Somalia	სომალი
Sudan	სუდანი
Syria	სირია
Uganda	უგანდა
Ukraine	უკრაინა

Creativity
შემოქმედება

Artistic	მხატვრული
Authenticity	ნამდვილობა
Changing	იცვლება
Clarity	სიცხადე
Dramatic	დრამატული
Emotions	ემოციები
Expression	გამოხატვა
Feelings	გრძნობები
Ideas	იდეები
Image	სურათი
Imagination	ფანტაზია
Impression	შთაბეჭდილება
Inspiration	შთაგონება
Intensity	ინტენსივობა
Intuition	ინტუიცია
Inventive	გამომგონებელი
Sensation	სენსაცია
Skill	უნარი
Spontaneous	სპონტანური
Visions	ხედვები

Days and Months
დღეები და თვეები

April	აპრილი
August	აგვისტო
Calendar	კალენდარი
February	თებერვალი
Friday	პარასკევი
January	იანვარი
July	ივლისი
March	მარტი
May	მაისი
Monday	ორშაბათი
Month	თვე
November	ნოემბერი
October	ოქტომბერი
Saturday	შაბათი
September	სექტემბერი
Sunday	კვირა
Thursday	ხუთშაბათი
Tuesday	სამშაბათი
Wednesday	ოთხშაბათი
Year	წელი

Diplomacy
დიპლომატია

Adviser	მრჩეველი
Ambassador	ელჩი
Citizens	მოქალაქეები
Civic	სამოქალაქო
Community	საზოგადოება
Conflict	კონფლიქტი
Cooperation	თანამშრომლობა
Diplomatic	დიპლომატიური
Discussion	დისკუსია
Embassy	საელჩო
Ethics	ეთიკა
Government	მთავრობა
Humanitarian	ჰუმანიტარული
Integrity	მთლიანობა
Justice	სამართლიანობა
Politics	პოლიტიკა
Resolution	რეზოლუცია
Security	უსაფრთხოება
Solution	გამოსავალი
Treaty	ხელშეკრულება

Driving
მართვის მოწმობა

Brakes	მუხრუჭები
Car	მანქანა
Danger	საფრთხე
Driver	მძღოლი
Fuel	საწვავი
Garage	ავტოფარეხი
Gas	გაზი
License	ლიცენზია
Map	რუკა
Motor	საავტომობილო
Motorcycle	მოტოციკლი
Pedestrian	საცალფეხო
Police	პოლიცია
Road	გზა
Safety	უსაფრთხოება
Speed	სიჩქარე
Street	ქუჩა
Traffic	ტრაფიკი
Truck	სატვირთო
Tunnel	გვირაბი

Ecology
ეკოლოგია

Climate	კლიმატი
Communities	თემები
Drought	გვალვა
Fauna	ფაუნა
Flora	ფლორა
Global	გლობალური
Habitat	ჰაბიტატი
Marine	საზღვაო
Marsh	ჭაობი
Mountains	მთები
Natural	ბუნებრივი
Nature	ბუნება
Plants	მცენარეები
Resources	რესურსები
Species	სახეობები
Survival	გადარჩენა
Sustainable	მდგრადი
Variety	ჯიში
Vegetation	მცენარეულობა
Volunteers	მოხალისეები

Electricity
ელექტროენერგია

Battery	ბატარეა
Bulb	ბოლქვი
Cable	კაბელი
Electric	ელექტრო
Electrician	ელექტრიკოსი
Equipment	აღჭურვილობა
Generator	გენერატორი
Lamp	ნათურა
Laser	ლაზერი
Magnet	მაგნიტი
Negative	უარყოფითი
Network	ქსელი
Objects	ობიექტები
Positive	დადებითი
Quantity	რაოდენობა
Socket	სოკეტი
Storage	შენახვა
Telephone	ტელეფონი
Television	ტელევიზია

Energy
ენერგია

Battery	ბატარეა
Carbon	ნახშირბადი
Diesel	დიზელი
Electric	ელექტრო
Electron	ელექტრონი
Engine	ძრავა
Entropy	ენტროპია
Environment	გარემო
Fuel	საწვავი
Gasoline	ბენზინი
Hydrogen	წყალბადი
Industry	მრეწველობა
Motor	საავტომობილო
Nuclear	ბირთვული
Photon	ფოტონი
Pollution	დაბინძურება
Renewable	განახლებადი
Steam	ორთქლი
Turbine	ტურბინა
Wind	ქარი

Engineering
ინჟინერია

Angle	კუთხე
Axis	ღერძი
Calculation	გაანგარიშება
Construction	მშენებლობა
Depth	სიღრმე
Diagram	დიაგრამა
Diameter	დიამეტრი
Diesel	დიზელი
Dimensions	ზომები
Distribution	დისტრიბუცია
Energy	ენერგია
Engine	ძრავა
Levers	ბერკეტები
Liquid	თხევადი
Machine	მანქანა
Measurement	გაზომვა
Motor	საავტომობილო
Stability	სტაბილურობა
Strength	ძალა
Structure	სტრუქტურა

Family
ოჯახი

Ancestor	წინაპარი
Aunt	დეიდა
Brother	ძმა
Child	ბავშვი
Childhood	ბავშვობა
Children	ბავშვები
Cousin	ბიძაშვილი
Daughter	ქალიშვილი
Father	მამა
Grandfather	ბაბუა
Grandson	შვილიშვილი
Husband	ქმარი
Maternal	დედათა
Mother	დედა
Nephew	ძმისშვილი
Niece	დისშვილი
Paternal	მამობრივი
Sister	და
Uncle	ბიძა
Wife	ცოლი

Farm #1
ფერმა #1

Bee	ფუტკარი
Bison	ბისონი
Calf	ხბო
Cat	კატა
Chicken	ქათამი
Cow	ძროხა
Crow	ქროუ
Dog	ძაღლი
Donkey	ვირი
Fence	ღობე
Fertilizer	სასუქი
Field	ველი
Flock	ფარა
Goat	თხა
Hay	თივა
Honey	თაფლი
Horse	ცხენი
Rice	ბრინჯი
Seeds	თესლი
Water	წყალი

Farm #2
ფერმა #2

Animals	ცხოველები
Barley	ქერი
Barn	ბეღელი
Beehive	ფუტკრის
Corn	სიმინდი
Duck	იხვი
Farmer	ფერმერი
Food	საკვები
Fruit	ხილი
Irrigation	სარწყავი
Lamb	ცხვრის
Llama	ლამა
Meadow	მდელო
Milk	რძე
Orchard	ბაღი
Sheep	ცხვარი
Shepherd	მწყემსი
Tractor	ტრაქტორი
Vegetable	ბოსტნეულის
Wheat	ხორბალი

Fashion
მოდა

Affordable	ხელმისაწვდომ ი
Boutique	ბუტიკი
Buttons	ღილაკები
Clothing	ტანსაცმელი
Comfortable	კომფორტული
Elegant	ელეგანტური
Embroidery	ნაქარგები
Expensive	ძვირი
Lace	მაქმანი
Measurements	გაზომვები
Minimalist	მინიმალისტი
Modern	თანამედროვე
Modest	მოკრძალებულ ი
Original	ორიგინალი
Pattern	ნიმუში
Practical	პრაქტიკული
Simple	მარტივი
Style	სტილი
Texture	ტექსტურა
Trend	ტენდენცია

Flowers
ყვავილები

Bouquet	ბუკეტი
Calendula	კალენდულა
Clover	სამყურა
Daisy	დეიზი
Dandelion	დენდელიონი
Gardenia	გარდენია
Hibiscus	ჰიბისკუსი
Jasmine	ჟასმინი
Lavender	ლავანდა
Lilac	იასამნისფერი
Lily	ლილი
Magnolia	მაგნოლია
Orchid	ორქიდეა
Peony	პეონი
Petal	პეტალი
Plumeria	პლუმერია
Poppy	ყაყაჩო
Rose	ვარდი
Sunflower	მზესუმზირა
Tulip	ტიტების

Food #1
საკვები #1

Apricot	გარგარი
Barley	ქერი
Basil	ბასილი
Carrot	სტაფილო
Cinnamon	დარიჩინი
Garlic	ნიორი
Juice	წვენი
Lemon	ლიმონი
Milk	რძე
Onion	ხახვი
Peanut	არაქისი
Pear	მსხალი
Salad	სალათი
Salt	მარილი
Soup	წვნიანი
Spinach	ისპანახი
Strawberry	მარწყვის
Sugar	შაქარი
Tuna	ტუნა
Turnip	ტურფა

Food #2
საკვები #2

Apple	ვაშლის
Artichoke	არტიშოკი
Banana	ბანანი
Broccoli	ბროკოლი
Celery	ნიახური
Cheese	ყველი
Cherry	ალუბალი
Chicken	ქათამი
Chocolate	შოკოლადი
Egg	კვერცხი
Eggplant	ბადრიჯანი
Fish	თევზი
Grape	ყურძენი
Ham	ლორი
Kiwi	კივი
Mushroom	სოკო
Rice	ბრინჯი
Tomato	პომიდორი
Wheat	ხორბალი
Yogurt	იოგურტი

Force and Gravity
ძალა და სიმძიმე

Axis	ღერძი
Center	ცენტრი
Discovery	აღმოჩენა
Distance	მანძილი
Dynamic	დინამიური
Expansion	გაფართოება
Friction	ხახუნის
Magnetism	მაგნიტიზმი
Mechanics	მექანიკა
Momentum	იმპულსი
Orbit	ორბიტა
Physics	ფიზიკა
Planets	პლანეტები
Pressure	წნევა
Properties	თვისებები
Speed	სიჩქარე
Time	დრო
Universal	უნივერსალური
Weight	წონა

Fruit
ხილი

Apple	ვაშლის
Apricot	გარგარი
Avocado	ავოკადო
Banana	ბანანი
Berry	ბერი
Cherry	ალუბალი
Coconut	ქოქოსი
Fig	ნახ
Grape	ყურძენი
Guava	გუავა
Kiwi	კივი
Lemon	ლიმონი
Mango	მანგო
Melon	ნესვი
Nectarine	ნექტარინი
Papaya	პაპაია
Peach	ატამი
Pear	მსხალი
Pineapple	ანანასი
Raspberry	ჟოლო

Garden
ბაღი

Bench	სკამი
Bush	ბუში
Fence	ღობე
Flower	ყვავილი
Garage	ავტოფარეხი
Garden	ბაღი
Grass	ბალახი
Hammock	ჰამაკი
Hose	შლანგი
Lawn	გაზონი
Pond	აუზი
Porch	ვერანდა
Rake	საკომისიო
Shovel	შოველ
Soil	ნიადაგი
Terrace	ტერასა
Trampoline	ბატუტი
Tree	ხე
Vine	ვაზი
Weeds	სარეველა

Gardening
მებაღეობა

Blossom	ყვავილობა
Botanical	ბოტანიკური
Bouquet	ბუკეტი
Climate	კლიმატი
Compost	კომპოსტი
Container	კონტეინერი
Dirt	ჭუჭყიანი
Edible	საკვები
Exotic	ეგზოტიკური
Floral	ყვავილების
Foliage	ფოთლები
Hose	შლანგი
Leaf	ფოთოლი
Moisture	ტენიანობა
Orchard	ბაღი
Seasonal	სეზონური
Seeds	თესლი
Soil	ნიადაგი
Species	სახეობები
Water	წყალი

Geography
გეოგრაფია

Altitude	სიმაღლე
Atlas	ატლასი
City	ქალაქი
Continent	კონტინენტი
Country	ქვეყანა
Hemisphere	ნახევარსფერო
Island	კუნძული
Latitude	გრძედი
Map	რუკა
Meridian	მერიდიანი
Mountain	მთა
North	ჩრდილოეთი
Ocean	ოკეანე
Region	რეგიონი
River	მდინარე
Sea	ზღვა
South	სამხრეთი
Territory	ტერიტორია
West	დასავლეთი
World	მსოფლიო

Geology
გეოლოგია

Acid	მჟავა
Calcium	კალციუმი
Cavern	კვერნა
Continent	კონტინენტი
Coral	მარჯანი
Crystals	კრისტალები
Cycles	ციკლები
Earthquake	მიწისძვრა
Erosion	ეროზია
Fossil	ნამარხი
Geyser	გეიზერი
Lava	ლავა
Layer	ფენა
Minerals	მინერალები
Plateau	პლატო
Quartz	კვარცი
Salt	მარილი
Stalactite	სტალაქტიტი
Stone	ქვა
Volcano	ვულკანი

Geometry
გეომეტრია

Angle	კუთხე
Calculation	გაანგარიშება
Circle	წრე
Curve	მრუდი
Diameter	დიამეტრი
Dimension	განზომილება
Equation	განტოლება
Height	სიმაღლე
Horizontal	ჰორიზონტალური
Logic	ლოგიკა
Mass	მასა
Median	მედიანური
Number	ნომერი
Parallel	პარალელურად
Proportion	პროპორცია
Segment	სეგმენტი
Surface	ზედაპირი
Symmetry	სიმეტრია
Theory	თეორია
Triangle	სამკუთხედი

Government
მთავრობა

Citizenship	მოქალაქეობა
Civil	სამოქალაქო
Constitution	კონსტიტუცია
Democracy	დემოკრატია
Discussion	დისკუსია
District	უბანი
Equality	თანასწორობა
Judicial	სასამართლო
Justice	სამართლიანობა
Law	სამართალი
Leader	ლიდერი
Legal	იურიდიული
Liberty	თავისუფლება
Monument	ძეგლი
Nation	ერი
Peaceful	მშვიდობიანი
Politics	პოლიტიკა
Speech	მეტყველება
State	სახელმწიფო
Symbol	სიმბოლო

Hair Types
თმის ტიპები

Bald	მელოტი
Black	შავი
Blond	ქერა
Braids	ლენტები
Brown	ყავისფერი
Colored	ფერადი
Curls	ხვეულები
Curly	ხვეული
Dry	მშრალი
Gray	ნაცრისფერი
Healthy	ჯანსაღი
Long	დიდხანს
Shiny	მბზინავი
Short	მოკლე
Silver	ვერცხლი
Smooth	გლუვი
Soft	რბილი
Thick	სქელი
Thin	თხელი
White	თეთრი

Health and Wellness #1
ჯანმრთელობა და ველნესი #1

Active	აქტიური
Bacteria	ბაქტერიები
Bones	ძვლები
Clinic	კლინიკა
Doctor	ექიმი
Fracture	მოტეხილობა
Habit	ჩვევა
Height	სიმაღლე
Hormones	ჰორმონები
Hunger	შიმშილი
Injury	დაზიანება
Medicine	მედიცინა
Muscles	კუნთები
Nerves	ნერვები
Pharmacy	აფთიაქი
Reflex	რეფლექსი
Skin	კანი
Therapy	თერაპია
Treatment	მკურნალობა
Virus	ვირუსი

Health and Wellness #2
ჯანმრთელობა და ველნესი #2

Allergy	ალერგია
Anatomy	ანატომია
Appetite	მადა
Blood	სისხლი
Calorie	კალორიული
Dehydration	დეჰიდრატაცია
Diet	დიეტა
Disease	დაავადება
Energy	ენერგია
Genetics	გენეტიკა
Healthy	ჯანსაღი
Hospital	საავადმყოფო
Hygiene	ჰიგიენა
Infection	ინფექცია
Massage	მასაჟი
Nutrition	კვება
Recovery	აღდგენა
Stress	სტრესი
Vitamin	ვიტამინი
Weight	წონა

Herbalism
ჰერბალიზმი

Aromatic	არომატული
Basil	ბასილი
Beneficial	სასარგებლოა
Culinary	კულინარია
Fennel	ცერეცოს
Flavor	არომატი
Flower	ყვავილი
Garden	ბაღი
Garlic	ნიორი
Green	მწვანე
Ingredient	ინგრედიენტი
Lavender	ლავანდა
Marjoram	მარჯორამი
Mint	პიტნა
Oregano	ორეგანო
Parsley	ოხრახუში
Plant	მცენარე
Rosemary	როზმარინი
Saffron	ზაფრანა
Tarragon	ტარხუნა

Hiking
ლაშქრობა

Animals	ცხოველები
Boots	ჩექმები
Cliff	კლდე
Climate	კლიმატი
Guides	გიდები
Heavy	მძიმე
Map	რუკა
Mosquitoes	კოღოები
Mountain	მთა
Nature	ბუნება
Orientation	ორიენტაცია
Parks	პარკები
Preparation	მომზადება
Stones	ქვები
Summit	სამიტი
Sun	მზე
Tired	დაღლილი
Water	წყალი
Weather	ამინდი
Wild	ველური

House
სახლი

Attic	სხვენი
Broom	ცოცხი
Curtains	ფარდები
Door	კარი
Fence	ღობე
Fireplace	ბუხარი
Floor	სართული
Furniture	ავეჯი
Garage	ავტოფარეხი
Garden	ბაღი
Keys	გასაღებები
Kitchen	სამზარეულო
Lamp	ნათურა
Library	ბიბლიოთეკა
Mirror	სარკე
Roof	სახურავი
Room	ოთახი
Shower	შხაპი
Wall	კედელი
Window	ფანჯარა

Human Body
ადამიანის სხეული

Ankle	ტერფი
Blood	სისხლი
Bones	ძვლები
Brain	ტვინი
Chin	ნიკაპი
Ear	ყური
Elbow	იდაყვი
Face	სახე
Finger	თითი
Hand	ხელი
Head	თავი
Heart	გული
Jaw	ყბა
Knee	მუხლზე
Leg	ფეხი
Mouth	პირი
Neck	კისერი
Nose	ცხვირი
Shoulder	მხრის
Skin	კანი

Insects
მწერები

Ant	ჭიანჭველა
Aphid	აფიდი
Bee	ფუტკარი
Beetle	ხოჭო
Butterfly	პეპელა
Cicada	ციკადა
Cockroach	ტარაკანი
Dragonfly	ჭრიჭინა
Flea	რწყილი
Gnat	გნატ
Grasshopper	ბალახი
Ladybug	ლედიბუგი
Larva	ლარვა
Locust	კალია
Mantis	მანტისი
Mosquito	კოღო
Moth	თვის
Termite	ტერმიტი
Wasp	ვასპი
Worm	ჭია

Jazz
ჯაზი

Album	ალბომი
Applause	ტაში
Artist	მხატვარი
Composer	კომპოზიტორი
Composition	კომპოზიცია
Concert	კონცერტი
Emphasis	აქცენტი
Famous	ცნობილი
Favorites	რჩეულები
Genre	ჟანრი
Improvisation	იმპროვიზაცია
Music	მუსიკა
New	ახალი
Old	ძველი
Orchestra	ორკესტრი
Rhythm	რიტმი
Song	სიმღერა
Style	სტილი
Talent	ნიჭი
Technique	ტექნიკა

Landscapes
ლანდშაფტები

Beach	პლაჟი
Cave	მღვიმე
Cliff	კლდე
Desert	უდაბნო
Geyser	გეიზერი
Glacier	მყინვარი
Hill	გორა
Iceberg	აისბერგი
Island	კუნძული
Lake	ტბა
Mountain	მთა
Oasis	ოაზისი
Ocean	ოკეანე
River	მდინარე
Sea	ზღვა
Swamp	ჭაობში
Tundra	ტუნდრა
Valley	ველი
Volcano	ვულკანი
Waterfall	ჩანჩქერი

Literature
ლიტერატურა

Analogy	ანალოგია
Analysis	ანალიზი
Anecdote	ანეკდოტი
Author	ავტორი
Biography	ბიოგრაფია
Comparison	შედარება
Conclusion	დასკვნა
Description	აღწერა
Dialogue	დიალოგი
Metaphor	მეტაფორა
Narrator	მთხრობელი
Novel	რომანი
Opinion	აზრი
Poem	ლექსი
Poetic	პოეტური
Rhyme	რითმა
Rhythm	რიტმი
Style	სტილი
Theme	თემა
Tragedy	ტრაგედია

Mammals
ძუძუმწოვრები

Bear	დათვი
Beaver	თახვი
Bull	ხარი
Cat	კატა
Coyote	კოიოტი
Dog	ძაღლი
Dolphin	დელფინი
Elephant	სპილო
Fox	მელა
Giraffe	ჟირაფი
Gorilla	გორილა
Horse	ცხენი
Kangaroo	კენგურუ
Lion	ლომი
Monkey	მაიმუნი
Rabbit	კურდღელი
Sheep	ცხვარი
Whale	ვეშაპი
Wolf	მგელი
Zebra	ზებრა

Math
მათემატიკა

Angles	კუთხეები
Arithmetic	არითმეტიკა
Circumference	წრე
Decimal	ათობითი
Diameter	დიამეტრი
Equation	განტოლება
Exponent	ექსპონენტი
Fraction	ფრაქცია
Geometry	გეომეტრია
Numbers	ნომრები
Parallel	პარალელურად
Parallelogram	პარალელოგრამა
Perimeter	პერიმეტრი
Polygon	პოლიგონი
Radius	რადიუსი
Rectangle	მართკუთხედი
Square	მოედანი
Symmetry	სიმეტრია
Triangle	სამკუთხედი
Volume	მოცულობა

Measurements
გაზომვები

Byte	ბაიტი
Centimeter	სანტიმეტრი
Decimal	ათობითი
Degree	ხარისხი
Depth	სიღრმე
Gram	გრამი
Height	სიმაღლე
Inch	ინჩი
Kilogram	კილოგრამი
Kilometer	კილომეტრი
Length	სიგრძე
Liter	ლიტრი
Mass	მასა
Meter	მეტრი
Minute	წუთი
Ounce	უნცია
Ton	ტონა
Volume	მოცულობა
Weight	წონა
Width	სიგანე

Meditation
მედიტაცია

Acceptance	მიღება
Attention	ყურადღება
Awake	გაიღვიძე
Breathing	სუნთქვა
Calm	მშვიდი
Clarity	სიცხადე
Compassion	თანაგრძნობა
Emotions	ემოციები
Gratitude	მადლიერება
Habits	ჩვევები
Kindness	სიკეთე
Mental	ფსიქიკური
Mind	გონება
Movement	მოძრაობა
Music	მუსიკა
Nature	ბუნება
Peace	მშვიდობა
Perspective	პერსპექტივა
Silence	დუმილი
Thoughts	აზრები

Music
მუსიკა

Album	ალბომი
Ballad	ბალადა
Chorus	გუნდი
Classical	კლასიკური
Eclectic	ეკლექტური
Harmonic	ჰარმონიული
Harmony	ჰარმონია
Instrument	ინსტრუმენტი
Lyrical	ლირიკული
Melody	მელოდია
Microphone	მიკროფონი
Musical	მუსიკალური
Musician	მუსიკოსი
Opera	ოპერა
Poetic	პოეტური
Recording	ჩაწერა
Rhythm	რიტმი
Rhythmic	რიტმული
Singer	მომღერალი
Vocal	ვოკალური

Musical Instruments
მუსიკალური ინსტრუმენტები

Banjo	ბანჯო
Bassoon	ბასონი
Cello	ჩელო
Clarinet	კლარნეტი
Drum	ბარაბანი
Flute	ფლეიტა
Gong	გონგი
Guitar	გიტარა
Harmonica	ჰარმონიკა
Harp	არფა
Mandolin	მანდოლინი
Marimba	მარიმბა
Oboe	ჰობოი
Percussion	პერკუსია
Piano	პიანინო
Saxophone	საქსოფონი
Tambourine	ტამბური
Trombone	ტრომბონი
Trumpet	საყვირი
Violin	ვიოლინო

Mythology
მითოლოგია

Archetype	არქეტიპი
Behavior	ქცევა
Beliefs	რწმენა
Creation	შექმნა
Creature	არსება
Culture	კულტურა
Deities	ღვთაებები
Disaster	კატასტროფა
Hero	გმირი
Heroine	ჰეროინი
Immortality	უკვდავება
Jealousy	ეჭვიანობა
Labyrinth	ლაბირინთი
Legend	ლეგენდა
Lightning	ელვა
Monster	მონსტრი
Mortal	მოკვდავი
Revenge	შურისძიება
Strength	ძალა
Warrior	მეომარი

Nature
ბუნება

Animals	ცხოველები
Arctic	არქტიკა
Beauty	სილამაზე
Bees	ფუტკარი
Cliffs	კლდეები
Clouds	ღრუბლები
Desert	უდაბნო
Dynamic	დინამიური
Erosion	ეროზია
Fog	ნისლი
Foliage	ფოთლები
Forest	ტყე
Glacier	მყინვარი
Peaceful	მშვიდობიანი
River	მდინარე
Sanctuary	საკურთხევლის
Serene	მშვიდი
Tropical	ტროპიკული
Vital	სასიცოცხლო
Wild	ველური

Numbers
რიცხვები

Decimal	ათობითი
Eight	რვა
Eighteen	თვრამეტი
Fifteen	თხუთმეტი
Five	ხუთი
Four	ოთხი
Fourteen	თოთხმეტი
Nine	ცხრა
Nineteen	ცხრამეტი
One	ერთი
Seven	შვიდი
Seventeen	ჩვიდმეტი
Six	ექვსი
Sixteen	თექვსმეტი
Ten	ათი
Thirteen	ცამეტი
Three	სამი
Twelve	თორმეტი
Twenty	ოცი
Two	ორი

Nutrition
კვების

Appetite	მადა
Balanced	დაბალანსებულ ი
Bitter	მწარე
Calories	კალორია
Carbohydrates	ნახშირწყლები
Diet	დიეტა
Edible	საკვები
Fermentation	დუღილი
Flavor	არომატი
Habits	ჩვევები
Health	ჯანმრთელობა
Healthy	ჯანსაღი
Liquids	სითხეები
Proteins	ცილები
Quality	ხარისხი
Sauce	სოუსი
Spices	სანელებლები
Toxin	ტოქსინი
Vitamin	ვიტამინი
Weight	წონა

Ocean
ოკეანე

Boat	ნავი
Coral	მარჯანი
Crab	კრაბი
Dolphin	დელფინი
Eel	გველთევზა
Fish	თევზი
Jellyfish	მედუზა
Octopus	რვაფეხა
Oyster	ხელთაა
Reef	რიფი
Salt	მარილი
Shark	ზვიგენი
Shrimp	კრევეტები
Sponge	ღრუბელი
Storm	შტორმი
Tuna	ტუნა
Turtle	კუს
Waves	ტალღები
Whale	ვეშაპი

Philanthropy
ფილანთროპია

Challenges	გამოწვევები
Children	ბავშვები
Community	საზოგადოება
Contacts	კონტაქტები
Finance	ფინანსები
Funds	სახსრები
Generosity	სიკეთისთვის
Global	გლობალური
Goals	მიზნები
Groups	ჯგუფები
History	ისტორია
Honesty	პატიოსნება
Humanity	კაცობრიობა
Mission	მისია
Need	საჭიროა
People	ხალხი
Programs	პროგრამები
Public	საჯარო
Youth	ახალგაზრდობა

Photography
ფოტოგრაფია

Black	შავი
Camera	კამერა
Color	ფერი
Composition	კომპოზიცია
Contrast	კონტრასტი
Darkness	სიბნელე
Definition	განმარტება
Exhibition	გამოფენა
Format	ფორმატი
Frame	ჩარჩო
Lighting	განათება
Object	ობიექტი
Perspective	პერსპექტივა
Portrait	პორტრეტი
Shadows	ჩრდილები
Subject	თემა
Texture	ტექსტურა
View	ნახვა
Visual	ვიზუალური

Physics
ფიზიკა

Acceleration	აჩქარება
Atom	ატომი
Chaos	ქაოსი
Chemical	ქიმიური
Density	სიმჭიდროვე
Electron	ელექტრონი
Engine	ძრავა
Expansion	გაფართოება
Formula	ფორმულა
Frequency	სიხშირე
Gas	გაზი
Magnetism	მაგნიტიზმი
Mass	მასა
Mechanics	მექანიკა
Molecule	მოლეკულა
Nuclear	ბირთვული
Particle	ნაწილაკი
Relativity	ფარდობითობა
Universal	უნივერსალური
Velocity	სიჩქარე

Plants
მცენარეები

Bamboo	ბამბუკი
Bean	ლობიო
Berry	ბერი
Botany	ბოტანიკა
Bush	ბუში
Cactus	კაქტუსი
Fertilizer	სასუქი
Flora	ფლორა
Flower	ყვავილი
Foliage	ფოთლები
Forest	ტყე
Garden	ბაღი
Grass	ბალახი
Ivy	აივ
Moss	ხავსი
Petal	პეტალი
Root	ფესვი
Stem	ღეროვანი
Tree	ხე
Vegetation	მცენარეულობა

Professions #1
პროფესიები #1

Ambassador	ელჩი
Astronomer	ასტრონომი
Attorney	ადვოკატი
Banker	ბანკირი
Cartographer	კარტოგრაფი
Coach	მწვრთნელი
Dancer	მოცეკვავე
Doctor	ექიმი
Editor	რედაქტორი
Geologist	გეოლოგი
Hunter	მონადირე
Jeweler	იუველირი
Musician	მუსიკოსი
Nurse	მედდა
Pianist	პიანისტი
Plumber	სანტექნიკოსი
Psychologist	ფსიქოლოგი
Sailor	მეზღვაური
Tailor	მკერავი
Veterinarian	ვეტერინარი

Professions #2
პროფესიები #2

Astronaut	ასტრონავტი
Biologist	ბიოლოგი
Dentist	სტომატოლოგი
Detective	დეტექტივი
Engineer	ინჟინერი
Farmer	ფერმერი
Gardener	მებაღე
Illustrator	ილუსტრატორი
Inventor	გამომგონებელი
Journalist	ჟურნალისტი
Librarian	ბიბლიოთეკარი
Linguist	ენათმეცნიერი
Painter	მხატვარი
Philosopher	ფილოსოფოსი
Photographer	ფოტოგრაფი
Physician	ექიმი
Pilot	პილოტი
Surgeon	ქირურგი
Teacher	მასწავლებელი
Zoologist	ზოოლოგი

Psychology
ფსიქოლოგია

Appointment	დანიშვნა
Assessment	შეფასება
Behavior	ქცევა
Childhood	ბავშვობა
Clinical	კლინიკური
Cognition	შემეცნება
Conflict	კონფლიქტი
Dreams	ოცნებები
Ego	ეგო
Emotions	ემოციები
Experiences	გამოცდილება
Ideas	იდეები
Perception	აღქმა
Personality	პიროვნება
Problem	პრობლემა
Reality	რეალობა
Sensation	სენსაცია
Subconscious	ქვეცნობიერი
Therapy	თერაპია
Thoughts	აზრები

Restaurant #1
რესტორანი #1

Allergy	ალერგია
Bowl	თასი
Bread	პური
Cashier	მოლარე
Chicken	ქათამი
Coffee	ყავა
Dessert	დესერტი
Food	საკვები
Ingredients	ინგრედიენტები
Kitchen	სამზარეულო
Knife	დანა
Meat	ხორცი
Menu	მენიუ
Napkin	ხელსახოცი
Plate	ფირფიტა
Reservation	დაჯავშნა
Sauce	სოუსი
Spicy	ცხარე
Waitress	მიმტანი

Restaurant #2
რესტორანი #2

Beverage	სასმელი
Cake	ტორტი
Chair	სკამი
Delicious	გემრიელი
Dinner	ვახშამი
Eggs	კვერცხები
Fish	თევზი
Fork	ჩანგალი
Fruit	ხილი
Ice	ყინული
Lunch	ლანჩი
Salad	სალათი
Salt	მარილი
Soup	წვნიანი
Spices	სანელებლები
Spoon	კოვზი
Vegetables	ბოსტნეული
Waiter	მიმტანი
Water	წყალი

Science
მეცნიერება

Atom	ატომი
Chemical	ქიმიური
Climate	კლიმატი
Data	მონაცემები
Evolution	ევოლუცია
Experiment	ექსპერიმენტი
Fact	ფაქტი
Fossil	ნამარხი
Gravity	სიმძიმის
Hypothesis	ჰიპოთეზა
Laboratory	ლაბორატორია
Method	მეთოდი
Minerals	მინერალები
Molecules	მოლეკულები
Nature	ბუნება
Organism	ორგანიზმი
Particles	ნაწილაკები
Physics	ფიზიკა
Plants	მცენარეები
Scientist	მეცნიერი

Science Fiction
სამეცნიერო ფანტასტიკა

Atomic	ატომური
Books	წიგნები
Chemicals	ქიმიკატები
Cinema	კინო
Dystopia	დისტოპია
Explosion	აფეთქება
Extreme	ექსტრემალური
Fantastic	ფანტასტიკური
Fire	ცეცხლი
Futuristic	ფუტურისტული
Galaxy	გალაქტიკა
Illusion	ილუზია
Imaginary	წარმოსახვითი
Mysterious	იდუმალი
Oracle	ორაკლე
Planet	პლანეტა
Robots	რობოტები
Technology	ტექნოლოგია
Utopia	უტოპია
World	მსოფლიო

Scientific Disciplines
სამეცნიერო დისციპლინები

Anatomy	ანატომია
Archaeology	არქეოლოგია
Astronomy	ასტრონომია
Biochemistry	ბიოქიმია
Biology	ბიოლოგია
Botany	ბოტანიკა
Chemistry	ქიმია
Ecology	ეკოლოგია
Geology	გეოლოგია
Immunology	იმუნოლოგია
Kinesiology	კინეზიოლოგია
Linguistics	ლინგვისტიკა
Mechanics	მექანიკა
Mineralogy	მინერალოგია
Neurology	ნევროლოგია
Physiology	ფიზიოლოგია
Psychology	ფსიქოლოგია
Sociology	სოციოლოგია
Thermodynamics	თერმოდინამიკა
Zoology	ზოოლოგია

Shapes
ფორმები

Arc	რკალი
Circle	წრე
Cone	კონუსი
Corner	კუთხე
Cube	კუბი
Curve	მრუდი
Cylinder	ცილინდრი
Edges	კიდეები
Ellipse	ელიფსი
Hyperbola	ჰიპერბოლა
Line	ხაზი
Oval	ოვალური
Polygon	პოლიგონი
Prism	პრიზმი
Pyramid	პირამიდა
Rectangle	მართკუთხედი
Side	მხარე
Sphere	სფერო
Square	მოედანი
Triangle	სამკუთხედი

Spices
სანელებლები

Anise	ანისი
Bitter	მწარე
Cardamom	ილი
Cinnamon	დარიჩინი
Clove	მიხაკი
Coriander	ქინძი
Cumin	კეინი
Curry	კური
Fennel	ცერეცოს
Flavor	არომატი
Garlic	ნიორი
Ginger	კოჭა
Licorice	ძირტკბილა
Nutmeg	ჯავზი
Onion	ხახვი
Paprika	პაპრიკა
Saffron	ზაფრანა
Salt	მარილი
Sweet	ტკბილი
Vanilla	ვანილი

Sport
სპორტი

Ability	უნარი
Athlete	სპორტსმენი
Body	სხეული
Bones	ძვლები
Coach	მწვრთნელი
Cycling	ველო
Dancing	ცეკვა
Diet	დიეტა
Endurance	გამძლეობა
Goal	მიზანი
Health	ჯანმრთელობა
Jogging	სირბილი
Maximize	მაქსიმალურად
Metabolic	მეტაბოლური
Muscles	კუნთები
Nutrition	კვება
Program	პროგრამა
Sports	სპორტი
Strength	ძალა
Stretching	გაჭიმვა

The Company
კომპანია

Business	ბიზნესი
Creative	კრეატიული
Employment	დასაქმება
Global	გლობალური
Industry	მრეწველობა
Innovative	ინოვაციური
Investment	ინვესტიცია
Possibility	შესაძლებლობა
Presentation	პრეზენტაცია
Product	პროდუქტი
Professional	პროფესიული
Progress	პროგრესი
Quality	ხარისხი
Reputation	რეპუტაცია
Resources	რესურსები
Revenue	შემოსავალი
Risks	რისკები
Trends	ტენდენციები
Units	ერთეულები
Wages	ხელფასები

The Media
მედია

Advertisements	რეკლამები
Commercial	კომერციული
Communication	კომუნიკაცია
Digital	ციფრული
Edition	გამოცემა
Education	განათლება
Facts	ფაქტები
Funding	დაფინანსება
Images	სურათები
Industry	მრეწველობა
Local	ადგილობრივი
Magazines	ჟურნალები
Network	ქსელი
Newspapers	გაზეთები
Online	ონლაინ
Opinion	აზრი
Photos	ფოტოები
Public	საჯარო
Radio	რადიო
Television	ტელევიზია

Time
დრო

Annual	წლიური
Before	ადრე
Calendar	კალენდარი
Century	საუკუნე
Clock	საათი
Day	დღე
Decade	ათწლეული
Early	ადრეული
Future	მომავალი
Minute	წუთი
Month	თვე
Morning	დილა
Night	ღამე
Noon	შუადღე
Now	ახლა
Soon	მალე
Today	დღეს
Week	კვირა
Year	წელი
Yesterday	გუშინ

Town
ქალაქი

Airport	აეროპორტი
Bakery	საცხობი
Bank	ბანკი
Cafe	კაფე
Cinema	კინო
Clinic	კლინიკა
Florist	ფლორისტი
Gallery	გალერეა
Hotel	სასტუმრო
Library	ბიბლიოთეკა
Market	ბაზარი
Museum	მუზეუმი
Pharmacy	აფთიაქი
School	სკოლა
Stadium	სტადიონი
Store	მაღაზია
Supermarket	სუპერმარკეტი
Theater	თეატრი
University	უნივერსიტეტი
Zoo	ზოოპარკი

Universe
სამყარო

Asteroid	ასტეროიდი
Astronomer	ასტრონომი
Astronomy	ასტრონომია
Atmosphere	ატმოსფერო
Celestial	ციური
Cosmic	კოსმიური
Darkness	სიბნელე
Eon	ეონ
Galaxy	გალაქტიკა
Hemisphere	ნახევარსფერო
Horizon	ჰორიზონტი
Latitude	გრძედი
Moon	მთვარე
Orbit	ორბიტა
Sky	ცა
Solar	მზის
Solstice	მზედგომა
Telescope	ტელესკოპი
Visible	ხილული
Zodiac	ზოდიაქო

Vacation #2
დასვენება #2

Airport	აეროპორტი
Beach	პლაჟი
Foreign	უცხო
Foreigner	უცხოელი
Holiday	დღესასწაული
Hotel	სასტუმრო
Island	კუნძული
Journey	მოგზაურობა
Leisure	დასვენება
Map	რუკა
Mountains	მთები
Passport	პასპორტი
Photos	ფოტოები
Restaurant	რესტორანი
Sea	ზღვა
Taxi	ტაქსი
Tent	კარვა
Train	მატარებელი
Visa	ვიზა

Vegetables
ბოსტნეული

Artichoke	არტიშოკი
Broccoli	ბროკოლი
Carrot	სტაფილო
Celery	ნიახური
Cucumber	კიტრი
Eggplant	ბადრიჯანი
Garlic	ნიორი
Ginger	კოჭა
Mushroom	სოკო
Olive	ზეთისხილის
Onion	ხახვი
Parsley	ოხრახუში
Pea	ბარდა
Pumpkin	გოგრა
Radish	რადიშ
Salad	სალათი
Shallot	შალოტი
Spinach	ისპანახი
Tomato	პომიდორი
Turnip	ტურფა

Vehicles
ავტომობილები

Airplane	თვითმფრინავი
Bicycle	ველოსიპედი
Boat	ნავი
Bus	ავტობუსი
Car	მანქანა
Caravan	ქარავანი
Engine	ძრავა
Ferry	ბორანი
Helicopter	ვერტმფრენი
Motor	საავტომობილო
Raft	რაფტ
Rocket	რაკეტა
Scooter	სკუტერი
Subway	მეტრო
Taxi	ტაქსი
Tires	საბურავები
Tractor	ტრაქტორი
Train	მატარებელი
Truck	სატვირთო
Van	ვან

Virtues #1
სათნოება #1

Artistic	მხატვრული
Charming	მომხიბლავი
Clean	სუფთა
Confident	თავდაჯერებული
Curious	ცნობისმოყვარე
Decisive	გადამწყვეტი
Efficient	ეფექტური
Funny	სასაცილო
Generous	გულუხვი
Good	კარგი
Helpful	სასარგებლო
Imaginative	წარმოსახვითი
Independent	დამოუკიდებელი
Modest	მოკრძალებული
Passionate	ვნებიანი
Patient	პაციენტი
Practical	პრაქტიკული
Reliable	საიმედო
Wise	ბრძენი

Water
წყალი

Canal	არხის
Damp	ნესტიანი
Evaporation	აორთქლება
Flood	წყალდიდობა
Frost	ყინვა
Geyser	გეიზერი
Humidity	ტენიანობა
Hurricane	ქარიშხალი
Ice	ყინული
Irrigation	სარწყავი
Lake	ტბა
Moisture	ტენიანობის
Monsoon	მუსონი
Ocean	ოკეანე
Rain	წვიმა
River	მდინარე
Shower	შხაპი
Snow	თოვლი
Steam	ორთქლი
Waves	ტალღები

Weather
ამინდი

Atmosphere	ატმოსფერო
Breeze	ნიავი
Climate	კლიმატი
Cloud	ღრუბელი
Drought	გვალვა
Dry	მშრალი
Fog	ნისლი
Hurricane	ქარიშხალი
Ice	ყინული
Lightning	ელვა
Monsoon	მუსონი
Polar	პოლარული
Rainbow	ცისარტყელა
Sky	ცა
Storm	შტორმი
Temperature	ტემპერატურა
Thunder	ქუხილი
Tornado	ტორნადო
Tropical	ტროპიკული
Wind	ქარი

Congratulations

You made it!

We hope you enjoyed this book as much as we enjoyed making it. We do our best to make high quality games.
These puzzles are designed in a clever way for you to learn actively while having fun!

Did you love them?

A Simple Request

Our books exist thanks your reviews. Could you help us by leaving one now?

Here is a short link which will take you to your order review page:

BestBooksActivity.com/Review50

MONSTER CHALLENGE!

Challenge #1

Ready for Your Bonus Game? We use them all the time but they are not so easy to find. Here are **Synonyms**!

Note 5 words you discovered in each of the Puzzles noted below (#21, #36, #76) and try to find 2 synonyms for each word.

Note 5 Words from *Puzzle 21*

Words	Synonym 1	Synonym 2

Note 5 Words from *Puzzle 36*

Words	Synonym 1	Synonym 2

Note 5 Words from *Puzzle 76*

Words	Synonym 1	Synonym 2

Challenge #2

Now that you are warmed-up, note 5 words you discovered in each Puzzle
noted below (#9, #17, #25) and try to find 2 antonyms for each word.
How many lines can you do in 20 minutes?

Note 5 Words from **Puzzle 9**

Words	Antonym 1	Antonym 2

Note 5 Words from **Puzzle 17**

Words	Antonym 1	Antonym 2

Note 5 Words from **Puzzle 25**

Words	Antonym 1	Antonym 2

Challenge #3

Wonderful, this monster challenge is nothing to you!

Ready for the last one? Choose your 10 favorite words discovered in any of the Puzzles and note them below.

1.	6.
2.	7.
3.	8.
4.	9.
5.	10.

Now, using these words and within a maximum of six sentences, your challenge is to compose a text about a person, animal or place that you love!

Tip: You can use the last blank page of this book as a draft!

Your Writing:

Explore a Unique Store
Set Up **FOR YOU!**

MEGA DEALS

BestActivityBooks.com/**TheStore**

Designed for Entertainment!

Light Up Your Brain With Unique **Gift Ideas**.

Access **Surprising** And **Essential Supplies!**

CHECK OUT OUR MONTHLY SELECTION NOW!

- Expertly Crafted Products -

NOTEBOOK:

SEE YOU SOON!

Linguas Classics Team